《云南扫盲基础教材》审定委员会

主　任：王建颖（云南省教育厅副厅长）

副主任：杨必俊（云南省教育厅基础教育处　处长）

　　　　姚　勇（云南省教育厅职业与成人教育处　处长）

　　　　何开喜（云南省人民政府教育督导团办公室　主任）

委　员：杨　红（中央教育科学研究所　博士）

　　　　欧本谷（西南大学扫盲教育研究与培训中心　副教授）

　　　　乐　萌（昆明市五华区教育科研中心　小学特级教师）

　　　　赵德荣（云南省教育厅基础教育处　副处长）

　　　　徐惠珠（云南省教育厅职业与成人教育处　调研员）

　　　　卯怀方（云南省人民政府教育督导团办公室　调研员）

《云南扫盲基础教材》编写组成员

张永宏　韩　杰　刘　雨　胡立耘　赵红梅

杨　惠　李春艳　刘会平　强东育

云南扫盲基础教材

yún nán sǎo máng jī chǔ jiào cái

云南省教育厅　审定

《云南扫盲基础教材》编写组　编

云南大学出版社

YUNNAN UNIVERSITY PRESS

图书在版编目（CIP）数据

云南扫盲基础教材 / 《云南扫盲基础教材》编写组
编. —昆明：云南大学出版社，2010
ISBN 978-7-5482-0202-8

Ⅰ.①云… Ⅱ.①云… Ⅲ.①扫盲—教材 Ⅳ.
①G722.4

中国版本图书馆CIP数据核字（2010）第152078号

责任编辑：赵红梅
装帧设计：刘　雨

出版发行：云南大学出版社
印装：云南南方印业有限责任公司
开本：787mm×1092mm　1/16
印张：12.75
字数：200千
版次：2010年9月第1版
印次：2010年9月第1次印刷
书号：ISBN 978-7-5482-0202-8
定价：17.80元

社址：昆明市翠湖北路2号云南大学英华园内（邮编：650091）
电话：（0871）5033244　5031071
网址：http://www.ynup.com
E-mail：market@ynup.com

使用说明

　　《云南扫盲基础教材》共50课，分3个单元。第一单元20课，以中华文化为背景，归类识字；第二单元20课，以云南地方文化为背景，按偏旁集中识字，学习简单的读和写；第三单元10课，学习简单的计算。

　　第一、二单元，每课突出1个主题，围绕主题设置听读材料、识字、活动、趣味汉语等内容。

　　听读材料：包括文字和图画两部分。文字部分作为引导识字的背景知识，其主要功能是导入话题，同时可作为阅读材料。在扫盲过程中，可根据学员的识字量分三阶段使用听读材料，扫盲初期以听为主，中期可听读结合，后期则可以读为主。图画部分传达与听读材料内容相关的直观信息，增强理解，并扩充认识图题或图中的汉字。

　　识字：联系每课主题，归类学习生产生活中常用的字、词（第一单元），在此基础上，再按偏旁集中学习次常用的字、词（第二单元）。识字部分的汉字数量在1 500～1 800个之间，每个字的下方都注有汉语拼音，以帮助正音。

　　活动：结合学员的需要和接受方式，选取生产、生活中的实际事项设计活动，以巩固、拓展识字，提高读写能力。

　　趣味汉语：以字谜、谐音歇后语、传统文化中的名句、警句为主，增加识字趣味。

听读材料、识字、活动、趣味汉语几个部分的先后顺序可根据教学实际进行调整。例如，听读材料可移至识字之后，趣味汉语可随堂穿插等。

　　第三单元，每课包括主题和应用两部分，重点是通过学习实例掌握简单的计算技能。

　　本教材把多数内容设计为开放式的，在实际教学过程中，教师可根据学员的状况、教学条件做相应的选择、迁移或引申、扩展，以适应各地扫盲的现实需要。

　　建议每课安排6个学时，共300个学时。半文盲可适当减少学时，全文盲可适当增加学时，大致安排在200～400个学时之间。

编　者

2010年6月

目 录

【听读材料】了解汉字

汉字是世界上最古老的文字之一。最早的汉字是象形字。象形字是一种描画事物形态的字，例如，"日"字像太阳，"月"字像月亮，"马"字就像一匹马。在象形的基础上，汉字经历了从图形到笔画，从表形、表意到形声结合的变化。汉字大约有六万多个，通用的约五千到八千个，常用字有三千个左右。

汉字的四种造字法

象形：描摹事物形状。如：日（⊙）、月（☽）、山（⛰）、
水（≋）等。

指事：用象征性符号表示意义。如：一、二、三、上、
下等。

会意：用已有的字依据事理加以组合表示出新的意义。
如明、林、采、信等。

形声：用形旁加声旁组成新字。如花、草、问、桥等。

【趣味汉语】

摘掉穷帽子，挖掉穷根子。（打一字）（八）

画时圆，写时方，冬时短，夏时长。（打一字）（日）

己所不欲，勿施于人。——《论语》

【归类识字】独体字

日　月　山　水
rì　yuè　shān　shuǐ

雨　气　土　石
yǔ　qì　tǔ　shí

木　竹　鸟　虫
mù　zhú　niǎo　chóng

人　口　耳　目
rén　kǒu　ěr　mù

手　足　心　爪
shǒu　zú　xīn　zhǎo

父　母　子　女
fù　mǔ　zǐ　nǚ

马　牛　舟　车
mǎ　niú　zhōu　chē

门　田　米　禾
mén　tián　mǐ　hé

大　小　刀　言
dà　xiǎo　dāo　yán

火　力　文　王
huǒ　lì　wén　wáng

合体字

　　独体字是不能分拆的字，合体字是由两个或更多的独体字合成的字。形声字是由表示字义的形旁和表示字音的声旁组成的合体字。绝大多数汉字是形声字。俗话说"秀才识字认半边"、"有边读边，无边读中间"，这样的说法虽不完全正确，但却在一定程度上反映了形声字易猜易读的规律，是识读汉字的一种窍门。

　　形声字的结构：左形右声（议、躯、沫），左声右形（攻、领、削），上形下声（花、雾、符），上声下形（背、想、贷），外形内声（屏、府、固），外声内形（闷、闻、辩）。

【活动】学习独体字与偏旁的联系

过去常把合体字的左边、右边分别叫做偏和旁，后来习惯上把汉字的部件统称为偏旁。偏旁多由独体字变化而成，因此，记住独体字是识字的钥匙。

独体字	偏 旁	例字	独体字	偏 旁	例字
人	单人旁（亻）	们住伙	虫	虫字旁（虫）	蚊蚜虾
水	三点水（氵）	油汽洱	足	提足旁（𧾷）	跑趾跌
示	示字旁（礻）	神福祉	米	米字旁（米）	粒粮粉
衣	衣字旁（衤）	初被袖	月	月字旁（月）	胜肚肥
竹	竹字头（𥫗）	竿笼箐	土	提土旁（土）	址埂场
日	日字旁（日）	明旺晴	王	斜王旁（王）	珠球现
木	木字旁（木）	机材柑	雨	雨字头（雨）	零雾霉
禾	禾字旁（禾）	和种秋	石	石字旁（石）	码砖矿
耳	耳朵旁（阝）	阳阴郊	女	女字旁（女）	姐好妈
口	口字旁（口）	叮吐叼	火	火字旁（火）	灯烟灶
厂	厂字头（厂）	压历厅	刀	立刀旁（刂）	刊创刚
广	广字头（广）	座庭庄	马	马字旁（马）	驾骑驴
手	提手旁（扌）	抓担把	鸟	鸟字旁（鸟）	鸡鸭鹅
犬	反犬旁（犭）	猫狮狗	文	反文旁（攵）	放故政
牛	牛字旁（牜）	牧牲物	心	心字底（心）	忘忍忠
言	言字旁（讠）	认议评	力	力字旁（力）	功动劲

【听读材料】辽阔的中华大地

　　我国的陆地面积约有九百六十万平方公里，居世界第三位。从最北端到最南端、从最东端到最西端，直线距离都有五千多公里。我国的青藏高原是世界上最高的地方，被称为"世界屋脊"。从青藏高原到太平洋，长江、黄河自西向东一路流去，就像两条主动脉，滋养着中华大地，是中华民族的母亲河。

"世界屋脊"上的大动脉——青藏铁路

【趣味汉语】

　　左是山，右是山，上是山，下是山，山连山，山靠山，山咬山，不是山。（打一字）（田）

　　前没有后有，左没有右有，家没有国有，弟没有兄有。（打一字）（口）

　　人无远虑，必有近忧。——《论语》

【归类识字】方位、形状

东 dōng	西 xī	南 nán	北 běi
前 qián	后 hòu	左 zuǒ	右 yòu
上 shàng	中 zhōng		下 xià

高　低　　　　　　　　　宽　窄
gāo　dī　　　　　　　　kuān　zhǎi

长　短　　　　　　　　　粗　细
cháng　duǎn　　　　　　cū　xì

轻　重　　　　　　　　　方　圆
qīng　zhòng　　　　　　fāng　yuán

曲　直　　　　　　　　　厚　薄
qū　zhí　　　　　　　　hòu　báo

【活动】认识地图上的方位

判别地图上的方位：面对地图，上北下南，左西右东。

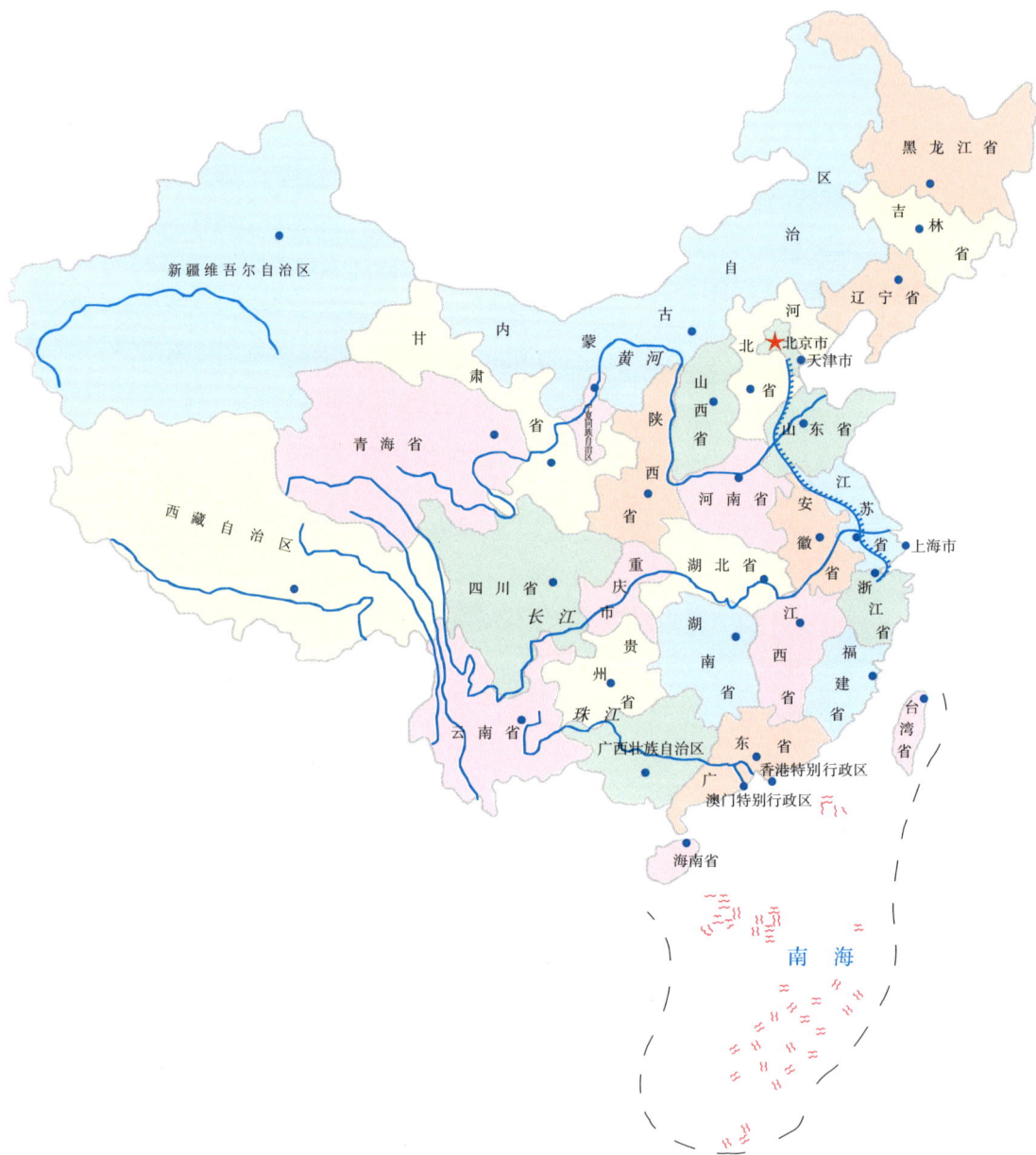

长江、黄河流经的省区示意图，请在图中找出云南省的位置。

【听读材料】悠久的中国历史

　　我国是世界文明古国之一，有文字可考的历史连续不断达四千多年。从公元前2070年第一个王朝——夏朝建立起，我国经历了许多朝代。其中，在公元前221年统一中国的秦朝，仅存在了十五年；汉朝距今两千年左右，前后持续四百多年；唐朝距今一千多年，留下了大量老幼皆知的唐诗。

中国历史朝代歌

夏　商　周　秦　西　东　汉，
三　国　两　晋　南　北　朝，
隋　唐　五　代　和　十　国，
辽　宋　夏　金　元　明　清。

锄禾日当午，

汗滴禾下土。

谁知盘中餐，

粒粒皆辛苦。

——【悯农】唐·李绅

【归类识字】数字、时间

阿拉伯数字	0	1	2	3	4	5	6	7	8	9	10
中国小写数字	〇	一	二	三	四	五	六	七	八	九	十

百 bǎi 千 qiān 万 wàn 亿 yì

年 nián 月 yuè 日 rì 时 shí 分 fēn 秒 miǎo

昨 天 zuó tiān 今 天 jīn tiān 明 天 míng tiān

过 去 guò qù 现 在 xiàn zài 将 来 jiāng lái

从 前 cóng qián 以 后 yǐ hòu 公 元 gōng yuán

旬 xún 季 度 jì dù 闰 月 rùn yuè

黎 明 lí míng 早 晨 zǎo chen 黄 昏 huáng hūn 夜 晚 yè wǎn

1刻钟=15分钟　　半小时=30分钟　　1周（1星期）=7天

1月=3旬（上旬、中旬、下旬）　　　1旬=10日

1个季度=3个月　　1年=12个月　　1世纪=100年

24小时制　　12小时制　　AM（上午）　　PM（下午）

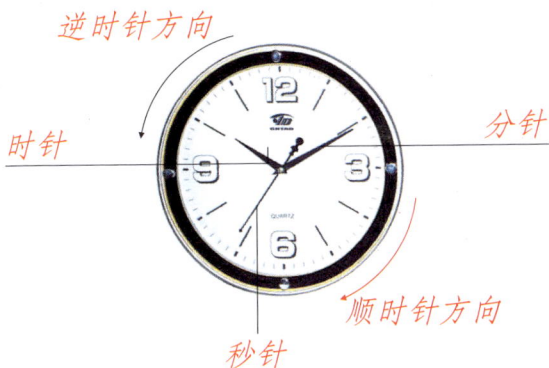

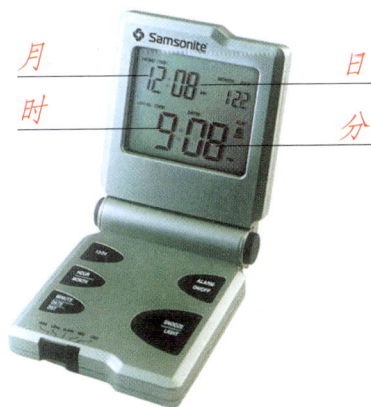

时间显示方式例图

【趣味汉语】

本末倒置。（打一字）（半）

一等二靠三落空，一想二干三成功。

前事之不忘，后事之师。——《战国策·赵策一》

9

【活动】学习汉字的笔画与笔顺

　　笔画是组成汉字的最基本、最小的单位。任何一个汉字都是由不同形状的笔画组成的。汉字的基本笔画有八种，即：点（、）、横（一）、竖（丨）、撇（丿）、捺（乀）、提（㇀）、折（𠃌）、钩（一）。其余笔画基本上都是以这八种笔画为基础变化而成的。汉字笔画及名称如下表所示。

笔画	名称	例字	笔画	名称	例字
、	点	主	乃	横折折弯钩	仍
一	横	十	乙	横折弯	船
丨	竖	木	亅	竖钩	小
丿	撇	人	㇗	竖提	以
乀	捺	八	ㄴ	竖折	山
㇀	提	打	㇄	竖弯	西
㇇	横钩	买	㇄	竖弯钩	毛
𠃌	横撇	又	ㄅ	竖折折钩	马
𠃌	横折	贝	㇛	撇折	牟
𠃌	横折钩	句	㇋	撇点	女
乚	横折提	讲	㇂	弯钩	狗
乙	横折弯钩	九	乀	斜钩	战
𠃌	横折折撇	级	㇃	卧钩	心
𠃌	横撇弯钩	阳			

　　书写汉字要遵循一定的顺序，这就是汉字的笔顺。汉字的笔顺大致可概括为八条规则。如下表所示。

书写规则	例字	笔画顺序	笔画数
先横后竖	十	一 十	2画
先撇后捺	人	丿 人	2画
从上到下	主	、 二 三 主 主	5画
从左到右	对	𠃌 又 对 对 对	5画
从内到外	边	𠃌 力 力 边 边	5画
从外到内	月	丿 𠃌 月 月	4画
先中间后两边	小	丿 小 小	3画
先外后内再封口	国	丨 门 门 同 同 国 国 国	8画

【听读材料】历 法

历法是用年、月、日计算时间的方法。世界上主要有阴历、阳历和阴阳历三种历法。阴历以月亮绕地球一周为一个月，阳历以地球绕太阳一周为一年，阴阳历是阴历和阳历的结合，既能反映月亮的圆缺规律，又能反映四季的变化规律。我国农历就是一种阴阳历，其特点是把季节变化规律与农作物生长规律结合起来，方便农事的计划和安排。

2010 农历庚寅年 ——— 年份   月份 ——— **5月**

星期天	星期一	星期二	星期三	星期四	星期五	星期六
		节日				1 劳动节
2 十九	3 二十	4 青年节	5 立夏	6 廿三	7 廿四	8 廿五
9 母亲节	10 廿七	11 廿八	12 廿九	13 三十	14 四月小	15 初二
16 初三	17 初四	18 初五	19 初六	20 初七	21 小满	22 初九
23 初十 / 30 十七	24 / 31 十八	25 十二	26 十三	27 十四	28 十五	29 十六

农历日期   节令   公历日期

日历例图

【归类识字】二十四节气

二十四节气歌
èr shí sì jié qi gē

春雨惊春清谷天，夏满芒夏暑相连，
chūn yǔ jīng chūn qīng gǔ tiān，xià mǎn máng xià shǔ xiāng lián，

秋处露秋寒霜降，冬雪雪冬小大寒。
qiū chǔ lù qiū hán shuāng jiàng，dōng xuě xuě dōng xiǎo dà hán。

春	2月		3月		4月	
	立 春	雨 水	惊 蛰	春 分	清 明	谷 雨
夏	5月		6月		7月	
	立 夏	小 满	芒 种	夏 至	小 暑	大 暑
秋	8月		9月		10月	
	立 秋	处 暑	白 露	秋 分	寒 露	霜 降
冬	11月		12月		1月	
	立 冬	小 雪	大 雪	冬 至	小 寒	大 寒

【趣味汉语】

半阴半晴。（打一字）（明）

种是金，土是银，错过季节无处寻。

富贵不能淫，贫贱不能移，威武不能屈。——《孟子》

冰雹	晴	多云	阴	小到中雨	阵雨
大到暴雨	雨夹雪	小雪	中雪	大雪	雨转晴
雷雨	雾	霜冻	暖空气前锋	冷空气前锋	台风及其中心

天气预报图例

【活动】气象谚语举例

燕子低飞雨淋淋。

日晕三更雨，月晕午时风。

早霞不出门，晚霞行千里。

有雨山戴帽，无雨云拦腰。

十雾九晴天。

13

【听读材料】农　业

　　我国不仅是农业大国，而且是一个农业古国。早在八九千年前，我国就有了农业生产。农业生产与气候、地形、水土密切相关，其中，水资源尤其关键，是农业的命脉。自古以来，治水一直是我国农业上的大事，远古时期就有大禹治水的传说。今天，我国大地上大大小小的水利设施星罗棋布，最具代表性的是修建于两千多年前并一直沿用至今的都江堰和新近建成的三峡大坝。

三峡工程平面示意图

【归类识字】农　事

播种　　　栽秧　　　植树　　　育苗
bō zhǒng　　zāi yāng　　zhí shù　　yù miáo

修渠　　　挖井　　　浇水　　　灌溉
xiū qú　　　wā jǐng　　jiāo shuǐ　　guàn gài

施肥　　　除草　　　防虫　　　喷药
shī féi　　chú cǎo　　fáng chóng　　pēn yào

嫁接　　　烘烤　　　收割　　　储藏
jià jiē　　hōng kǎo　　shōu gē　　chǔ cáng

【趣味汉语】

有吃有穿。（打一字）（裕）

隔年的皇历——过时了。

爱人者，人恒爱之；敬人者，人恒敬之。——《孟子》

【活动】根据节气排农事历

农事	1月	2月	3月	4月	5月	6月	7月	8月	9月	10月	11月	12月
耕地												
除草												
播种												
施肥												
收割												
打谷												
嫁接												

讨论影响农事安排的因素，如作物品种、耕种技术、天气变化等等。

【趣味汉语】

种花要除草。（打一字）（化）
悬崖上的鲜花——没人采（睬）。
良药苦口利于病，忠言逆耳利于行。——《元史·许国祯传》

【听读材料】中华文化的象征——龙

　　龙是中华文化的典型象征，所以，我们常说，炎黄子孙是龙的传人。龙的形象深深地渗透在我们的生活习俗之中，但事实上，龙在现实中并不存在，它是多种动物形象的组合体，通常有兽头、蛇身和鱼尾。龙象征着中华民族多元一体、充满活力的优秀品格。

须

角
眼

鳞

尾

爪

中国龙形

【归类识字】动物名称

鸡	鸭	鹅	鸽	燕	鸥
jī	yā	é	gē	yàn	ōu

白鹭	老鹰	麻雀	喜鹊	乌鸦
bái lù	lǎo yīng	má què	xǐ què	wū yā

猪	马	牛	羊	狗	猫
zhū	mǎ	niú	yáng	gǒu	māo

驴子	松鼠	老虎	大象	熊猫
lú zi	sōng shǔ	lǎo hǔ	dà xiàng	xióng māo

鱼	虾	螺	贝	蛙	蚌
yú	xiā	luó	bèi	wā	bàng

苍蝇	蚊子	瓢虫	蟑螂	跳蚤
cāng ying	wén zi	piáo chóng	zhāng láng	tiào zǎo

蚂蚱	蚂蚁	飞蛾	蝴蝶	蜻蜓
mà zha	mǎ yǐ	fēi é	hú dié	qīng tíng

【活动】了解十二生肖

人们把十二地支与十二种动物联系起来，形成十二生肖，用以表示出生年，如子年生的属鼠，丑年生的属牛，等等。请把十二地支与相应的动物用连线连起来。

子　　　　　　　牛
丑　　　　　　　鼠
寅　　　　　　　虎
卯　　　　　　　兔
辰　　　　　　　蛇
巳　　　　　　　龙
午　　　　　　　羊
未　　　　　　　马
申　　　　　　　鸡
酉　　　　　　　狗
戌　　　　　　　猪
亥　　　　　　　猴

【趣味汉语】

无头无尾羊，悄悄站树旁。（打一字）（枉）

牛过独木桥。（打一字）（生）

猪鼻子插葱——装象。

千里之行，始于足下。——《老子》

19

【听读材料】"年"与春节

　　春节是农历的新年，又叫"过年"。传说"年"是一种怪兽，每到冬末春初，"年"就会出来吃人、抢东西。后来，人们发现，"年"害怕红色、火光和声响。于是，人们就在冬去春来之际，贴春联，放爆竹，把"年"吓跑。"年"被赶走，人们就欢快地庆贺。这样，年复一年，就形成了"过年"这个喜庆的节日。

　　杨柳青年画：画中的"鱼"与"余"同音，"莲"与"连"同音，以莲和鱼组成图案，喻"连年有余"。

【趣味汉语】

　　取一半送一半。（打一字）（联）
　　外甥打灯笼——照舅（旧）。
　　贫则见廉，富则思义。——《墨子》

【归类识字】称　谓

祖父	祖母	爷爷	奶奶	外公	外婆
zǔ fù	zǔ mǔ	yé ye	nǎi nai	wài gōng	wài pó

父亲	母亲	大伯	大叔	阿姨	姑妈
fù qīn	mǔ qīn	dà bó	dà shū	ā yí	gū mā

舅舅	姨妈	姨父	丈夫	妻子	儿子
jiù jiu	yí mā	yí fù	zhàng fu	qī zi	ér zi

女儿	兄弟	姐妹	侄子	外甥	孙子
nǚ ér	xiōng dì	jiě mèi	zhí zi	wai shēng	sūn zi

外孙	姑爷	女婿	小姐	太太	夫人
wài sūn	gū ye	nǚ xu	xiǎo jiě	tài tai	fū rén

女士	先生	师傅	同志	朋友	亲戚
nǚ shì	xiān sheng	shī fu	tóng zhì	péng you	qīn qi

【活动】春联举例

春催千山秀　　　　　　爆竹两三声人间改岁
花放万里香　　　　　　梅花四五点天下皆春

江山无限好　　　　　　天增岁月人增寿
祖国万年春　　　　　　春满人间福满门

千古江山增秀色春光拂面　　　新春富贵年年好
万家人面映桃花喜气满堂　　　佳岁平安步步高

万事如意

横批

五更分二年年年称心

一夜连两岁岁岁如意

下联　　　　　　　　　　　　　*上联*

请说说你们家今年贴的春联。

【听读材料】中秋节

　　中秋节又称"团圆节"，因此，每逢中秋，人们都要吃月饼表示"团圆"，远离家乡的人们会更加思念家人，思念家乡。李白的诗句"床前明月光，疑是地上霜。举头望明月，低头思故乡"，苏东坡的词句"但愿人长久，千里共婵娟"，就表达了这种"每逢佳节倍思亲"的情感。

嫦娥奔月

　　相传嫦娥偷吃了长生不老药，就不由自主地飞了起来，一直飞到了月亮上。

【归类识字】粮食及其制品

粮　食	粮食制品
稻　谷（dào gǔ）	米　饭（mǐ fàn）
小　米（xiǎo mǐ）	饵　块（ěr kuài）
小　麦（xiǎo mài）	米　线（mǐ xiàn）
青　稞（qīng kē）	面　条（miàn tiáo）
玉　米（yù mǐ）	粑　粑（bā bā）
高　粱（gāo liang）	饺　子（jiǎo zi）
荞　麦（qiáo mài）	馒　头（mán tou）
燕　麦（yàn mài）	花　卷（huā juǎn）
大　豆（dà dòu）	包　子（bāo zi）
豌　豆（wān dòu）	窝窝头（wō wo tóu）
绿　豆（lǜ dòu）	油　条（yóu tiáo）
蚕　豆（cán dòu）	烙　饼（lào bǐng）
红　薯（hóng shǔ）	蛋　糕（dàn gāo）
马铃薯（mǎ líng shǔ）	馄　饨（hún tun）

【趣味汉语】

学上段，会下段。（打一字）（尝）

七窍通了六窍——一窍不通。

哀莫大于心死。——《庄子》

【活动】节日与习俗连线

猜 灯 谜

登 高

扫 墓

吃 月 饼

春 节   赛 龙 舟

元 宵 节   贴 春 联

清 明 节   吃 汤 圆

端 午 节   吃 粽 子

中 秋 节   吃 年 糕

重 阳 节   守 岁

发 红 包

挂 灯 笼

放 鞭 炮

拜 年

【**听读材料**】中国菜

　　我国地大物博，民族众多，各地老百姓口味各异，酸、甜、苦、辣、咸，各有所好，形成了很多菜系，著名的有四川菜、山东菜、广东菜、湖南菜等。中国菜无论蒸、煮、炖、炒、腌、拌，都讲究色、香、味、形俱全。

瓜	果	豆	笋	葱	姜	蒜	椒

薄荷	番茄	百合	莲藕

萝卜	洋芋	香椿	蘑菇

【**趣味汉语**】

二小，二小，脑袋长草。（打一字）（蒜）
莴笋拌韭菜——青（亲）上加青（亲）。
见兔而顾犬，未为晚也；亡羊而补牢，未为迟也。——《战国策·楚策四》

【归类识字】厨房用品

柴	米	油	盐
chái	mǐ	yóu	yán

酱	醋	茶	糖
jiàng	cù	chá	táng

锅	碗	瓢	盆
guō	wǎn	piáo	pén

刀	叉	勺	筷
dāo	chā	sháo	kuài

碟	铲	桶	罐
dié	chǎn	tǒng	guàn

瓶	盒	灶	炉
píng	hé	zào	lú

【活动】常见菜、作料举例

蔬　菜	肉　类	水产品	作　料
茄　子	鸡　肉	鱼	葱
土　豆	鸭　肉	虾	姜
辣　椒	鹅　肉	贝	蒜
番　茄	牛　肉	海　带	草　果
	羊　肉	紫　菜	八　角
			花　椒
			茴　香
			桂　皮

【趣味汉语】

林海无边。（打一字）（梅）
花盆里栽树——成不了材（才）。
养不教，父之过；教不严，师之惰。——《三字经》

【听读材料】《采花》

正月里采花无哟花采，　　七月里谷米酿成酒，

二月间采花花正开，　　　八月间闻着桂花香，

三月里桃花红似海，　　　九月里菊花怀里揣，

四月间葡萄架上开，　　　十月间的松柏人人爱，

五月里石榴尖对尖，　　　冬天腊月无花采，

六月间的芍药赛牡丹，　　霜打的梅花便自开。

梅花	牡丹	兰花
月季	杜鹃	茶花

荷花	桂花	菊花	水仙

中国十大名花

29

赤
橙
黄
绿
青
蓝
紫

彩虹

【归类识字】水　果

桃	李	杏	梨	柚	梅	枣
táo	lǐ	xìng	lí	yòu	méi	zǎo

柑橘	石榴	苹果	香蕉
gān jú	shí liu	píng guǒ	xiāng jiāo

枇杷	菠萝	葡萄	柠檬
pí pa	bō luó	pú tao	níng méng

橄榄	荔枝	桑葚	甘蔗
gǎn lǎn	lì zhī	sāng shèn	gān zhè

【活动】家乡常见植物列表

植物名称	花的颜色	果 实
桃 树	红 色	桃 子
梨 树	白 色	梨

【听读材料】中 医

中医是我国人民防病、治病的重要手段，是中华文化中的瑰宝。早在战国时期，名医扁鹊就采用望气色、听声音、问病情、把脉象的方法诊断疾病，即"望、闻、问、切"四诊法。四诊法是中医的传统诊病法，两千多年来一直沿用到今天。中医用药广泛，草木、虫兽、介壳、矿物均可入药，又以草本类植物居多，因此，中药在古代被称为"本草"。

神农尝百草

【归类识字】人体部位、器官

头	腰	臂	手	掌	指
tóu	yāo	bì	shǒu	zhǎng	zhǐ

腿	足	眼	耳	口	鼻
tuǐ	zú	yǎn	ěr	kǒu	bí

唇	齿	牙	舌	发	眉
chún	chǐ	yá	shé	fà	méi

喉
hóu

气管
qì guǎn

肺
fèi

心脏
xīn zàng

膈
gé

肝脏
gān zàng

脾
pí

胃
wèi

胆囊
dǎn náng

大肠
dà cháng

小肠
xiǎo cháng

盲肠
máng cháng

阑尾
lán wěi

膀胱
páng guāng

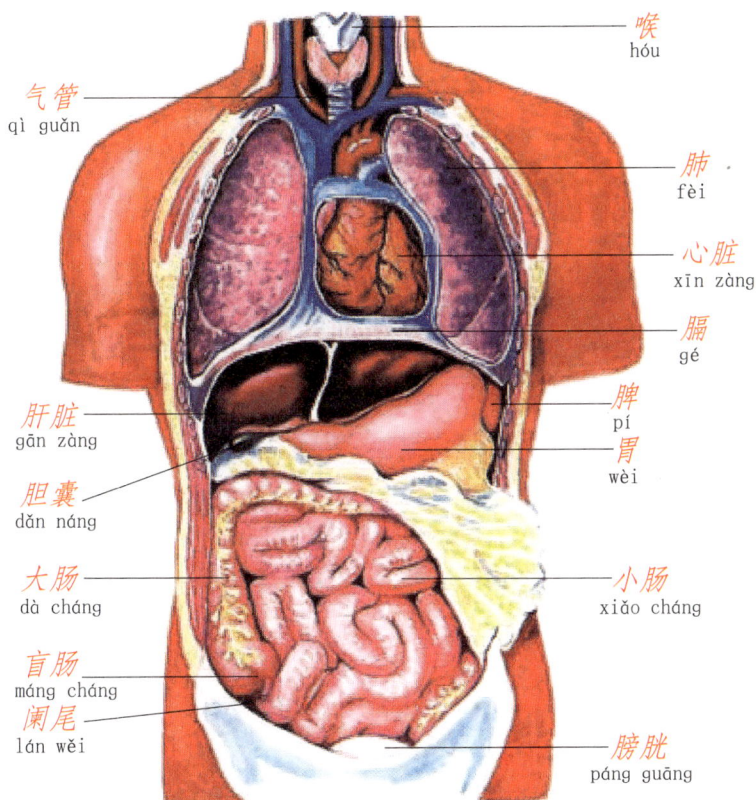

体内器官
tǐ nèi qì guān

33

【活动】识读医院的科室名称

6F（6楼）	体检中心　会议室　办公室
5F（5楼）	B超室　心电图室　胃镜室　CT室　X光室　手术室
4F（4楼）	中医科　中药房　理疗科　正骨科　痔瘘科　泌尿科
3F（3楼）	口腔科　眼科　耳鼻喉科　儿科　妇科
2F（2楼）	内科　外科　骨科　化验室　皮肤科　收费室
1F（1楼）	急诊室　抢救室　观察室　注射室　输液室　挂号室　西药房

【趣味汉语】

一人在内。（打一字）（肉）

老太太打哈欠——一望无牙（涯）。

护体面不如重廉耻，求医药不如养性情。——清·金缨《格言联璧》

【听读材料】武　术

　　武术是我国的传统体育活动项目之一，既可以健体防身，又具有表演性，深受人们的喜爱。武术的动作主要有踢、打、摔、拿、击、刺，但武术并不都是拳打脚踢，太极拳的动作就比较柔和、缓慢，讲究宁静、放松、灵活、稳健。太极拳还有防治疾病的作用，特别适合老年人和体弱多病的人练习。

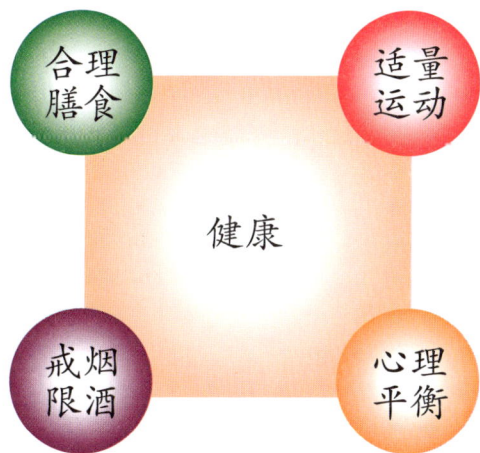

健康的四大基石

【趣味汉语】

　　打手出界。（打一字）（丁）

　　麦秸秆吹火——小气（器）。

　　人无千日好，花无百日红。——《水浒传》

【归类识字】动　作

听 tīng	看 kàn	闻 wén	吃 chī	喝 hē	舔 tiǎn
尝 cháng	嚼 jiáo	咬 yǎo	拿 ná	端 duān	举 jǔ
抬 tái	绑 bǎng	掐 qiā	抠 kōu	踢 tī	踩 cǎi
蹬 dēng	踏 tà	跑 pǎo	跳 tiào	推 tuī	拉 lā

【活动】本地体育活动项目举例

普通体育 活动项目	开展情况	民族传统 体育活动项目	开展情况
篮　球		拔　河	
排　球		打陀螺	
足　球		踢毽子	
乒乓球		跳　绳	
羽毛球			
网　球			

【听读材料】四大发明

　　造纸术、印刷术、指南针和火药，是中国古代的四大发明。四大发明在人类社会的发展史上起过重要的推动作用，是古代中国对世界的四大贡献。造纸术、印刷术促进了人类文化的继承、交流和传播，指南针是航海的重要工具，火药被广泛应用于军事和生产。

指南鱼

罗盘

水浮指南针

【归类识字】常用生产工具

扁担	箩筐	提篮	绳索	锯子
biǎn dan	luó kuāng	tí lán	shéng suǒ	jù zi

刨子	钳子	扳手	锉刀	杈子
bào zi	qián zi	bān shou	cuò dāo	chā zi

镰刀	锄头	斧头	犁具	铁锹
lián dāo	chú tou	fǔ tou	lí jù	tiě qiāo

拖拉机	收割机	播种机	脱粒机
tuō lā jī	shōu gē jī	bō zhǒng jī	tuō lì jī

抽水机	碾米机	粉碎机	发电机
chōu shuǐ jī	niǎn mǐ jī	fěn suì jī	fā diàn jī

升降机	推土机	压路机	挖掘机
shēng jiàng jī	tuī tǔ jī	yā lù jī	wā jué jī

【活动】家庭常用电器、文化用品举例

家用电器	文化用品
洗衣机	书
电视机	纸、笔记本
收音机	铅　笔
电冰箱	碳素笔
电饭煲	圆珠笔
电磁灶	胶　水
电茶壶	橡皮擦、涂改液
照相机	订书机
摄像机	直　尺
电　脑	墨、砚台

【趣味汉语】

守门员。（打一字）（闪）
花椒掉进大米里——麻饭（烦）了。
世上无难事，只怕有心人。——《西游记》

【听读材料】民间手工艺

　　民间手工艺是人们在生产生活中自己动手制造物品的技艺。民间手工艺品有的是日用品，有的是玩具，有的可以用来表达感情，涉及日常生活的方方面面，如服装、首饰、食具、茶具、家具、玩具、建筑雕刻、室内外装饰等。常见的民间工艺品有香包、绣球、鞋垫、绣花鞋、背袋、挂包、年画、剪纸、风筝、龙舟、泥塑、面塑、刺绣品、印染品、草编物、陶器、竹木制品、金属制品等等。

剪纸

风筝

泥塑

【归类识字】日常用品、饰品

水 杯	水 壶	茶 具	毛 巾
shuǐ bēi	shuǐ hú	chá jù	máo jīn

牙 膏	牙 刷	肥 皂	洗 发 露
yá gāo	yá shuā	féi zào	xǐ fà lù

洗 衣 粉	衣 服	裤 子	裙 子
xǐ yī fěn	yī fu	kù zi	qún zi

鞋 子	帽 子	袜 子	棉 袄
xié zi	mào zi	wà zi	mián ǎo

围 巾	手 套	被 子	床 单
wéi jīn	shǒu tào	bèi zi	chuáng dān

枕 头	凉 席	发 卡	领 带
zhěn tou	liáng xí	fà qiǎ	lǐng dài

耳 环	手 镯	项 链	胸 针
ěr huán	shǒu zhuó	xiàng liàn	xiōng zhēn

胭 脂	香 水	口 红	眉 笔
yān zhi	xiāng shuǐ	kǒu hóng	méi bǐ

指 甲 剪	剃 须 刀	化 妆 包
zhī jia jiǎn	tì xū dāo	huà zhuāng bāo

【活动】家乡手工调查

手工类别	有无情况		产品去向	
	有	无	销售	自用
剪纸	✓			✓
刺绣		✓		
绢花				
木雕				
扎染				
制陶				
银器				
玉器				

【趣味汉语】

独具匠心。（打一字）（斤）

打破沙锅——纹（问）到底。

谋事在人，成事在天。——《三国演义》

【听读材料】丝绸之路

　　丝绸之路是古代中国通往亚洲中部、西部以及欧洲的贸易通道，因我国的著名产品——丝绸而得名。丝绸之路在汉、唐时期最为繁荣，它穿越茫茫戈壁、沙漠，把当时的首都长安（今西安）与西方联系起来，促进了中西方之间物产和文化的交流。今天，中亚国家沿着这条古老的通道把石油、天然气输入我国，使丝绸之路再度焕发生机。

丝绸之路上的沙漠之舟——骆驼

【趣味汉语】

千里相逢。（打一字）（重）
做梦坐飞机——想入飞飞（非非）。
功名富贵草上露，骨肉团圆锦上花。——《牡丹亭》

【归类识字】交通运输工具

汽车	摩托	卡车	轿车	货车
qì chē	mó tuō	kǎ chē	jiào chē	huò chē

客车	救护车	救火车	洒水车
kè chē	jiù hù chē	jiù huǒ chē	sǎ shuǐ chē

油罐车	飞机	飞船	火箭	轮船
yóu guàn chē	fēi jī	fēi chuán	huǒ jiàn	lún chuán

火车	地铁	轻轨	索道	电梯
huǒ chē	dì tiě	qīng guǐ	suǒ dào	diàn tī

【活动】讨论与经济活动有关的词汇

市场	仓储	资本
零售	物流	资金
批发	基金	钱币
销售	股票	贷款
折扣	彩票	利润
成本	利率	分红

【听读材料】鹊　桥

　　我国有很多民间传说，其中，牛郎织女传说、孟姜女寻夫传说、梁山伯祝英台传说、白蛇许仙传说最为有名，被称为四大民间传说。鹊桥是牛郎织女传说中的一个故事场景，说的是牛郎和织女纯真的爱情感动了玉帝，玉帝允许他们每年七月七日由喜鹊架桥在天河相会。后来，农历七月初七这一天，被称为"中国的情人节"。

鹊桥相会图

【趣味汉语】

　　喜上心头。（打一字）（志）
　　不是一家人，不进一家门。
　　国乱求良将，家贫思贤妻。——《史记·魏世家》

【归类识字】婚 俗

说 媒
shuō méi

登 记
dēng jì

过 门
guò mén

拜 堂
bài táng

新 郎
xīn láng

新 娘
xīn niáng

彩 礼
cǎi lǐ

陪 嫁
péi jià

婚 宴
hūn yàn

主 持
zhǔ chí

宾 客
bīn kè

祝 酒
zhù jiǔ

喜联举例

吹吹打打盈门喜
热热闹闹满屋春

海枯石烂同心永结
地阔天高比翼双飞

好鸟双栖嘉鱼比目
仙葩并蒂瑞木交枝

【活动】趣联游戏

谐音对：

因荷而得藕；有杏不须梅。

注：把以下的字替换成对应的字后再读此联：荷—何，藕—偶，杏—幸，梅—媒。

拼字对：

此木为柴山山出；因火成烟夕夕多。

注："此木"拼"柴"，"山山"拼"出"，"因火"拼"烟"，"夕夕"拼"多"。

拆字对：

一明分日月；五岳各丘山。

注："明"析日、月，"岳"析丘、山。

回文对：

客上天然居；居然天上客。

人过大佛寺；寺佛大过人。

翠湖喷水日水喷湖翠，春城飞花时花飞城春。

注：正读倒读同为一联。

【听读材料】园　林

　　我国的园林建筑通常把楼、台、亭、阁、廊、桥、塔融入山、水、花、木、草、石之中，并用对联、诗词、绘画加以装点，富有诗情画意，体现了中国传统文化中"天人合一"、人与自然和谐相处的精神气质。我国著名的园林有承德避暑山庄、北京颐和园、苏州拙政园和留园、扬州瘦西湖、绍兴沈园、东莞可园、拉萨罗布林卡等。

门对三尺水　　窗留半亭风

【趣味汉语】

又聋又哑，不闻不问。（打一字）（门）

板凳上睡觉——好梦不长。

瓜田不纳履，李下莫弹冠。——汉乐府《君子行》

【归类识字】房屋、家具

正 门	侧 门	门 帘	门 楣
zhèng mén	cè mén	mén lián	mén méi
门 框	窗 户	玻 璃	窗 格
mén kuàng	chuāng hu	bō li	chuāng gé
客 厅	堂 屋	柱 脚	楼 梯
kè tīng	táng wū	zhù jiǎo	lóu tī
屋 梁	花 坛	阳 台	房 顶
wū liáng	huā tán	yáng tái	fáng dǐng
墙 角	台 阶	门 槛	桌 子
qiáng jiǎo	tái jiē	mén kǎn	zhuō zi
凳 子	椅 子	床	衣 柜
dèng zi	yǐ zi	chuáng	yī guì
书 架	茶 几	沙 发	草 墩
shū jià	chá jī	shā fā	cǎo dūn
碗 橱	箱 子	梳 妆 台	抽 屉
wǎn chú	xiāng zi	shū zhuāng tái	chōu ti

【活动】建房材料和工具举例

建房材料	建房工具
水 泥	斧
钢 筋	锤
砖 瓦	脚手架
沙 石	
油 漆	
木 料	

【趣味汉语】

刘邦闻之喜，刘备闻之悲。（打一字）（翠）

热水瓶的塞子——堵汽（赌气）。

娇生惯养误子女，文过饰非害无穷。——《红楼梦》

【听读材料】八仙过海

俗话说："八仙过海，各显神通。"

相传，有一天八仙在蓬莱阁上聚会饮酒。酒性正浓时，铁拐李提议乘兴到海上一游。群仙齐声附和，并说好各凭道法渡海，不得乘舟。汉钟离率先把大芭蕉扇往海里一扔，袒胸露腹仰躺在扇子上，向远处漂去。何仙姑将荷花往水中一抛，顿时红光万道，何仙姑就站在荷花上面随波遨游。随后，吕洞宾、张果老、曹国舅、铁拐李、韩湘子、蓝采和也纷纷将各自宝物抛入水中，借助宝物大显神通，畅游东海。

八仙过海图

【归类识字】常见姓氏

李	王	张	刘	陈	杨	黄	赵
lǐ	wáng	zhāng	liú	chén	yáng	huáng	zhào

周	吴	徐	孙	朱	马	胡	郭
zhōu	wú	xú	sūn	zhū	mǎ	hú	guō

林	何	高	梁	郑	罗	宋	唐
lín	hé	gāo	liáng	zhèng	luó	sòng	táng

韩	曹	许	邓	冯	曾	程	袁
hán	cáo	xǔ	dèng	féng	zēng	chéng	yuán

于	董	余	苏	叶	吕	蒋	田
yú	dǒng	yú	sū	yè	lǚ	jiǎng	tián

杜	丁	沈	姜	范	江	佘	钟
dù	dīng	shěn	jiāng	fàn	jiāng	shé	zhōng

卢	汪	崔	任	段	和	姚	方
lú	wāng	cuī	rén	duàn	hé	yáo	fāng

普	纳	邱	夏	字	贾	邹	龙
pǔ	nà	qiū	xià	zì	jiǎ	zōu	lóng

【活动】讨论本地人所从事的职业

行　业	角　色
教　育	校长、班主任、体育老师
医疗卫生	医生、护士
行政管理	公务员、秘书、驾驶员
司　法	法官、律师
餐饮业	厨师、面点师、服务员
建筑业	设计师、钢筋工
军　队	军医、士兵、军官
公　司	经理、会计、出纳、推销员
其　他	

【趣味汉语】

夺去一半，还留一半。（打一字）（过）

泥菩萨过河——自身难保。

打不断的亲，骂不断的邻。——《西游记》

【听读材料】中华民族大家庭

　　中华民族是我国各民族的统一体，由56个民族组成。中华各民族共同缔造了统一的多民族国家，共同开拓了祖国的辽阔疆域，共同发展了灿烂的中华文化，形成了一个温暖的大家庭。在这个大家庭中，汉族离不开少数民族，少数民族也离不开汉族，各民族之间形成了一个血脉相通的共同体。

汉　族	回　族	畲　族	塔塔尔族	阿昌族	哈萨克族	土家族	景颇族
哈尼族	土　族	白　族	维吾尔族	保安族	赫哲族	乌孜别克族	基诺族
布依族	拉祜族	锡伯族	黎　族	东乡族	蒙古族	仫佬族	达斡尔族
藏　族	毛南族	裕固族	俄罗斯族	德昂族	傈僳族	瑶　族	朝鲜族
布朗族	满　族	彝　族	门巴族	侗　族	苗　族	佤　族	羌　族
独龙族	怒　族	珞巴族	普米族	傣　族	纳西族	高山族	壮　族
鄂伦春族	塔吉克族	京　族	仡佬族	鄂温克族	撒拉族	柯尔克孜族	水　族

五十六个民族五十六朵花

自治区名称	成立时间
新疆维吾尔自治区	1955.10.1
西藏自治区	1965.9.9
内蒙古自治区	1947.5.1
宁夏回族自治区	1958.10.25
广西壮族自治区	1958.3.15

我国的五大民族自治区

民族区域自治的基本原则

团结　　平等　　共同繁荣

【趣味汉语】

层层梯田里，绿苗长势旺。（打我国三个少数民族的名称）（谜底为"高山苗壮"，即高山族、苗族、壮族。）

各美其美，美人之美，美美与共，天下大同。——费孝通

【归类识字】文　艺

文艺晚会
wén yì wǎn huì

流行歌曲
liú xíng gē qǔ

相　声　　小　品
xiàng sheng　xiǎo pǐn

民　歌　　舞　蹈
mín gē　　wǔ dǎo

杂　技　　魔　术
zá jì　　mó shù

电　影　　电　视
diàn yǐng　diàn shì

故　事　　评　书　　朗　诵　　快　板
gù shì　　píng shū　　lǎng sòng　　kuài bǎn

演　员　　明　星　　导　演　　编　剧
yǎn yuán　míng xīng　dǎo yǎn　biān jù

摄　影　　作　家　　诗　人　　画　家
shè yǐng　zuò jiā　shī rén　huà jiā

【活动】唱《爱我中华》

爱我中华

末祖英 演唱

乔 羽 词
徐沛东 曲

1=♭B转♭E 4/4
♩=112 选调C

1. 3 1 3 5 3 0 | 5 1 2 5 3 - | 1. 3 1 3 5 1 1 5 | 5 3 5 3 1 1̄ 2. 0 |
五 十六个星座， 五十六枝花， 五 十六族兄弟姐妹 是 一 家，

1. 3 1 3 5 3 0 | 5 1 1 5 6 - | 1 5 5 3 5 3 1 |
五 十 六 族 语 言， 汇 成 一 句 话， 爱 我 中华爱 我 中华

2 1 0 7 1 0 5 5 | 2 5 1 5 2 0 5 5 | 2 5 1 5 1 0 5 5 |
爱 我 中华。 咳罗 咳罗 咳罗咳 咳罗 咳罗 咳罗咳 咳罗

2 5 1 5 2 5 1 5 | 1 2 3 3 2 1 0 : | 3. 1 2 1 0 | 2 2 1 7 6 7 5. |
咳罗咳罗咳罗咳罗， 爱 我 中华。 爱 我 中华， 健儿 奋起 步伐；

3. 1 2 1 0 | 2 2 1 7 6 7 7. | 3. 1 2 1 0 | 2 2 1 7 6 7 5. | 3. 1 2 1 0 |
爱我中华， 建设我们的国家；爱我中华， 中华雄姿 英发；爱我中华，

2 2 1 7 2 2 1 7 | 2 2 1 7 2 2 1 7 | 2 5 0 2 1 0 | 4 3 2 1 0 |
五十六族兄弟姐妹， 五十六族语言汇成 一 句 话： 爱 我 中华。

【趣味汉语】

见脚就踢。（打一字）（易）

卖油的拉二胡——油（游）手好弦（闲）。

人有悲欢离合，月有阴晴圆缺。——苏轼

久旱逢甘雨，他乡遇故知，洞房花烛夜，金榜题名时。——《四喜诗》

【听读材料】《中华人民共和国国歌》歌词

起来！不愿做奴隶的人们！

把我们的血肉，筑成我们新的长城！

中华民族到了最危险的时候，

每个人被迫着发出最后的吼声。

起来！起来！起来！

我们万众一心，

冒着敌人的炮火前进！

冒着敌人的炮火前进！

前进！前进！进！！

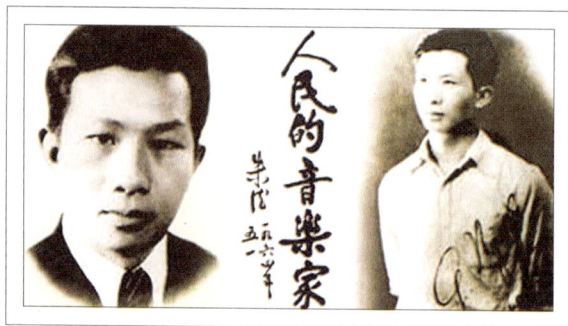

聂耳

【趣味汉语】

旧貌变新颜。（打一字）（旦）

老鼠偷秤砣——盗铁（倒贴）。

国以民为本，民以食为天。——《东周列国志》

【归类识字】机构名称

省 市 县 乡 镇　　行 政 村　　自 然 村
shěng shì　xiàn xiāng zhèn　xíng zhèng cūn　zì rán cūn

医 院　　　　卫 生 院　　　　疾 控 中 心
yī yuàn　　　wèi shēng yuàn　　jí kòng zhōng xīn

农 机 站　　农 技 站　　水 利 站　　计 生 站
nóng jī zhàn　nóng jì zhàn　shuǐ lì zhàn　jì shēng zhàn

文 化 站　　广 播 站　　林 业 站　　果 树 站
wén huà zhàn　guǎng bō zhàn　lín yè zhàn　guǒ shù zhàn

畜 牧 兽 医 站　　　物 资 站　　　蚕 茧 站
xù mù shòu yī zhàn　wù zī zhàn　　cán jiǎn zhàn

财 政 所　　派 出 所　　税 务 所　　邮 政 所
cái zhèng suǒ　pài chū suǒ　shuì wù suǒ　yóu zhèng suǒ

工 商 所　　供 电 所　　司 法 所　　土 地 所
gōng shāng suǒ　gōng diàn suǒ　sī fǎ suǒ　tǔ dì suǒ

粮 管 所　　供 销 社　　农 村 信 用 合 作 社
liáng guǎn suǒ　gōng xiāo shè　nóng cūn xìn yòng hé zuò shè

【活动】认读中国的省、自治区、直辖市、特别行政区名称

省、自治区、直辖市	简　称	省会（首府）
北京市	京	
天津市	津	
河北省	冀	石家庄
山西省	晋	太　原
内蒙古自治区	蒙	呼和浩特
辽宁省	辽	沈　阳
吉林省	吉	长　春
黑龙江省	黑	哈尔滨
上海市	沪	
江苏省	苏	南　京
浙江省	浙	杭　州
安徽省	皖	合　肥
福建省	闽	福　州
江西省	赣	南　昌
山东省	鲁	济　南
河南省	豫	郑　州
湖北省	鄂	武　汉
湖南省	湘	长　沙
广东省	粤	广　州
广西壮族自治区	桂	南　宁
海南省	琼	海　口
重庆市	渝	
四川省	川、蜀	成　都
贵州省	黔、贵	贵　阳
云南省	滇、云	昆　明
西藏自治区	藏	拉　萨
陕西省	陕、秦	西　安
甘肃省	甘、陇	兰　州
青海省	青	西　宁
宁夏回族自治区	宁	银　川
新疆维吾尔自治区	新	乌鲁木齐
香港特别行政区	港	
澳门特别行政区	澳	
台湾省	台	台　北

根据上表统计我国有多少个省、自治区、直辖市、特别行政区。

【听读材料】云　南

　　云南位于青藏高原的东南角、云贵高原的西部，是我国西南地区的一个边疆省份，与缅甸、老挝、越南三国接壤。全省国土面积39.4万平方公里，人口四千五百多万。云南红壤占全省土地面积的一半，故有"红土高原"之称。云南气候宜人，许多地方"冰雪无人见，春从天上来"，"一花未谢一花开，四季花开开不败"，如同一个天然的大花园。

彩云之南

缅

甸

越　南

老　挝

迪庆藏族自治州

怒江傈僳族自治州

丽江市

大理白族自治州

保山市

德宏傣族景颇族自治州

临沧市

普洱市

楚雄彝族自治州

昆明市

曲靖市

昭通市

玉溪市

红河哈尼族彝族自治州

文山壮族苗族自治州

西双版纳傣族自治州

云南行政区划图

【集中识字】提土旁、石字旁

寺——寺庙
sì　　sì miào

坏——坏蛋
huài　　huài dàn

考——考试
kǎo　　kǎo shì

址——地址
zhǐ　　dì zhǐ

老——老师
lǎo　　lǎo shī

坝——坝子
bà　　bà zi

尘——灰尘
chén　　huī chén

坎——土坎
kǎn　　tǔ kǎn

坛——讲坛
tán　　jiǎng tán

均——平均
jūn　　píng jūn

矿——矿石
kuàng　　kuàng shí

砂——砂石
shā　　shā shí

码——码头
mǎ　　mǎ tóu

泵——水泵
bèng　　shuǐ bèng

岩——岩洞
yán　　yán dòng

砍——砍柴
kǎn　　kǎn chái

砖——砖瓦
zhuān　　zhuān wǎ

础——基础
chǔ　　jī chǔ

砌——砌墙
qì　　qì qiáng

硬——坚硬
yìng　　jiān yìng

【活动】1. 认读云南行政区划表

地级市、自治州	区、县（自治县）或县级市	统计
昆明市	盘龙区、五华区、官渡区、西山区、东川区、呈贡县、晋宁县、安宁市、富民县、宜良县、嵩明县、石林彝族自治县、禄劝彝族苗族自治县、寻甸回族彝族自治县	1县级市 5市辖区 8县
曲靖市	麒麟区、宣威市、沾益县、马龙县、富源县、罗平县、师宗县、陆良县、会泽县	1县级市 1市辖区 7县
玉溪市	红塔区、江川县、澄江县、通海县、华宁县、易门县、峨山彝族自治县、新平彝族傣族自治县、元江哈尼族彝族傣族自治县	1市辖区 8县
昭通市	昭阳区、鲁甸县、巧家县、盐津县、大关县、永善县、绥江县、镇雄县、彝良县、威信县、水富县	1市辖区 10县
楚雄彝族 自治州	楚雄市、双柏县、牟定县、南华县、姚安县、大姚县、永仁县、元谋县、武定县、禄丰县	1县级市 9县
红河哈尼族 彝族自治州	蒙自县、个旧市、开远市、建水县、石屏县、弥勒县、泸西县、元阳县、红河县、绿春县、屏边苗族自治县、河口瑶族自治县、金平苗族瑶族傣族自治县	2县级市 11县
文山壮族 苗族自治州	文山县、砚山县、西畴县、马关县、丘北县、广南县、富宁县、麻栗坡县	8县
普洱市	思茅区、宁洱哈尼族彝族自治县、镇沅彝族哈尼族拉祜族自治县、景东彝族自治县、景谷傣族彝族自治县、墨江哈尼族自治县、西盟佤族自治县、孟连傣族拉祜族佤族自治县、澜沧拉祜族自治县、江城哈尼族彝族自治县	1市辖区 9县
西双版纳 傣族自治州	景洪市、勐海县、勐腊县	1县级市 2县
大理白族 自治州	大理市、祥云县、宾川县、弥渡县、永平县、云龙县、洱源县、剑川县、鹤庆县、巍山彝族回族自治县、南涧彝族自治县、漾濞彝族自治县	1县级市 11县
保山市	隆阳区、施甸县、腾冲县、龙陵县、昌宁县	1市辖区 4县
德宏傣族 景颇族自治州	潞西市、瑞丽市、梁河县、盈江县、陇川县	2县级市 3县
丽江市	古城区、玉龙纳西族自治县、永胜县、宁蒗彝族自治县、华坪县	1市辖区 4县
怒江傈僳族 自治州	泸水县、福贡县、兰坪白族普米族自治县、贡山独龙族怒族自治县	4县
迪庆藏族 自治州	香格里拉县、德钦县、维西傈僳族自治县	3县
临沧市	临翔区、凤庆县、云县、永德县、镇康县、沧源佤族自治县、双江拉祜族佤族布朗族傣族自治县、耿马傣族佤族自治县	1市辖区 7县

根据上表统计云南省有多少个地级市、自治州、市辖区、县级市、自治县、县。

2. 讨论本村经历过的大事

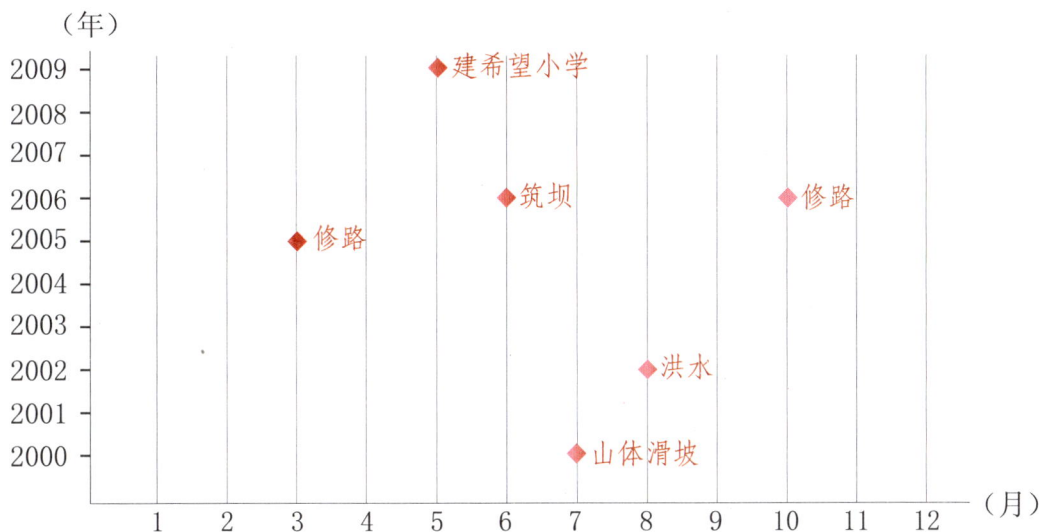

请根据自己家乡的实际情况参考上图编制大事记。

【趣味汉语】

宝中宝。（打一字）（玉）

黄泥巴掉到裤裆里——不是屎（事）也是屎（事）。

吃饭防噎，走路防跌。——《水浒传》

【听读材料】云南为何简称"滇"

　　"滇"，原是古代云南的族名和地名。战国末年，楚将庄蹻率众由楚国到达今滇池附近地区，建立滇国，与当地人民融合，形成"滇族"。公元前109年，滇王降汉，此后"滇族"的活动不再见于历史记载。"滇"与"颠"同，有最高顶的意思，指的是高原地区。明代才用"滇"来概称全省，以后沿用至今。习惯上也以滇池为中心，按方位称云南不同的地区为滇西、滇南、滇东等。

滇王之印

【趣味汉语】

　　部位相反。（打一字）（陪）
　　鸭子过河——咯咯咯（各顾各）。
　　过头话莫说，便宜事少做。——《三宝太监西洋记通俗演义》

湖泊名称	所在地
滇　池	昆明市
阳宗海	昆明市
洱　海	大理市
抚仙湖	澄江县
星云湖	江川县
杞麓湖	通海县
异龙湖	石屏县
泸沽湖	宁蒗县
程　海	永胜县

云南的九大高原湖泊

滇池风光

【集中识字】三点水

汁 —— 果汁
zhī　　guǒ zhī

汇 —— 汇款
huì　　huì kuǎn

汗 —— 汗水
hàn　　hàn shuǐ

污 —— 污染
wū　　wū rǎn

汉 —— 汉语
hàn　　hàn yǔ

汐 —— 潮汐
xī　　cháo xī

汛 —— 防汛
xùn　　fáng xùn

池 —— 水池
chí　　shuǐ chí

汤 —— 菜汤
tāng　　cài tāng

沛 —— 充沛
pèi　　chōng pèi

汰 —— 淘汰
tài　　táo tài

沤 —— 沤肥
òu　　òu féi

没 —— 没有
méi　　méi yǒu

沉 —— 沉重
chén　　chén zhòng

沐 —— 沐浴
mù　　mù yù

沫 —— 泡沫
mò　　pào mò

浅 —— 搁浅
qiǎn　　gē qiǎn

注 —— 注意
zhù　　zhù yì

泻 —— 泻药
xiè　　xiè yào

洪 —— 洪水
hóng　　hóng shuǐ

【活动】1. 本地地名举例

山：	邻　村：
河　流：	医院名称及所在地：
水　库：	
水　渠：	
井：	
村公所所在地：	
乡政府所在地：	
县城所在地：	

【趣味汉语】

记一半，忘一半。（打一字）（忌）
草帽当锣敲——响（想）不起来。
病来如山倒，病去如抽丝。——《红楼梦》

2. 识读身份证

姓 名　金阳

性 别　女　　民 族　汉

出 生　1978 年 10 月 27 日

住 址　北京市西城区复兴门外大
　　　　街999号院11号楼3单元
　　　　502室

公民身份号码　110102197810272321

身份证号码

校验码

省市县地址码　　出生年月日（公历）日期码　　性别及顺序码

居民身份证正面

中华人民共和国
居民身份证

签发机关　北京市公安局西城分局

有效期限　2004.10.27～2024.10.26

证件有效期

居民身份证背面

【听读材料】云南的山脉

云南多山，坝子的面积仅占6%左右。云南的大山脉主要有滇西的高黎贡山、怒山、云岭和滇东的拱王山。云岭是云南分布面积最大的山脉，哀牢山、无量山都属云岭的余脉。滇西北德钦县境内的卡瓦格博峰，是云南的最高峰，海拔6 740米。云南无尽的大山，有丰富的物产，有美丽的景色，有动人的故事，它们养育着云南人，也塑造着云南人山一般朴实、坚强的性格。

卡瓦格博峰

【集中识字】山字旁

岁——岁月
suì   suì yuè

岗——站岗
gǎng   zhàn gǎng

岔——岔路
chà   chà lù

岛——海岛
dǎo   hǎi dǎo

岸——河岸
àn   hé àn

岭——山岭
lǐng   shān lǐng

炭——煤炭
tàn   méi tàn

峡——峡谷
xiá   xiá gǔ

峦——山峦
luán   shān luán

峭——陡峭
qiào   dǒu qiào

峰——山峰
fēng   shān fēng

崖——悬崖
yá   xuán yá

崩——崩塌
bēng   bēng tā

岖——崎岖
qū   qí qū

崭——崭新
zhǎn   zhǎn xīn

崇——崇高
chóng   chóng gāo

岳——岳母
yuè   yuè mǔ

幽——幽默
yōu   yōu mò

【活动】1. 云南的山珍举例

牛肝菌	雪 茶
青头菌	雪 莲
鸡 枞	冬虫夏草
松 茸	灵 芝
干巴菌	

2. 识读交通图、交通标志

交通信号灯（红绿灯）　　人行道　　人行横道　　最低限速

直行　　向左转弯　　向右转弯　　直行和向左转弯　　直行和向右转弯

向左和向右转弯　　靠右侧道路行驶　　靠左侧道路行驶　　步行　　鸣喇叭

禁止通行　　禁止驶入　　禁止车辆临时或长时停放　　禁止车辆长时停放　　停车检查

停车让行　　会车让行　　减速让车

常见交通标志

【趣味汉语】

两人站在耳朵上。（打一字）（聋）

戏台上的官——做（坐）不久。

打人休打脸，骂人休揭短。——《金瓶梅词话》

【听读材料】云南的江河

　　云南的大江大河主要有金沙江、澜沧江、怒江、元江、南盘江等。金沙江因盛产沙金而得名。怒江因水流湍急、奔腾咆哮而得名。澜沧江是湄公河的上游，流经缅甸、老挝、泰国、柬埔寨、越南，注入南海，被称为"东方多瑙河"。云南的大江大河不仅具有旅游价值、交通价值，而且蕴藏着丰富的水电资源，是我国重要的能源发展基地。

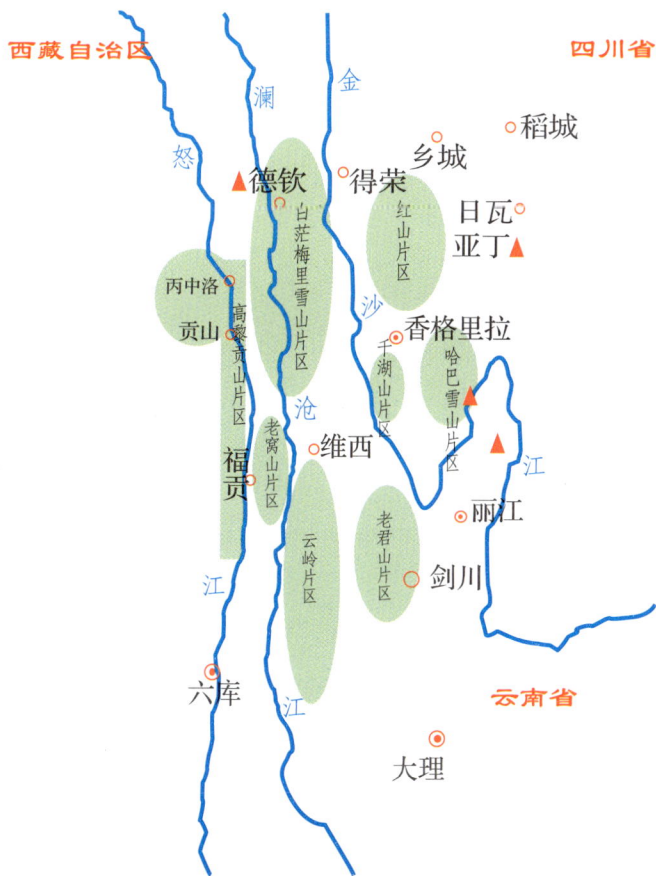

三江并流示意图

【集中识字】两点水、四点底

习 —— 练习
xí　　liàn xí

冲 —— 冲水
chōng　chōng shuǐ

冰 —— 冰雹
bīng　bīng báo

次 —— 次序
cì　　cì xù

决 —— 决定
jué　　jué dìng

冻 —— 冰冻
dòng　bīng dòng

况 —— 情况
kuàng　qíng kuàng

冷 —— 寒冷
lěng　hán lěng

冶 —— 冶炼
yě　　yě liàn

净 —— 干净
jìng　gān jìng

弱 —— 软弱
ruò　　ruǎn ruò

减 —— 减少
jiǎn　jiǎn shǎo

杰 —— 杰出
jié　　jié chū

热 —— 炎热
rè　　yán rè

烈 —— 烈火
liè　　liè huǒ

羔 —— 羔羊
gāo　gāo yáng

蒸 —— 蒸锅
zhēng　zhēng guō

煮 —— 煮饭
zhǔ　zhǔ fàn

焦 —— 焦炭
jiāo　jiāo tàn

然 —— 当然
rán　dāng rán

照 —— 照明
zhào　zhào míng

煎 —— 煎饼
jiān　jiān bǐng

熬 —— 熬汤
áo　　áo tāng

熏 —— 熏肉
xūn　xūn ròu

【活动】1. 本地水产品举例

青鱼	黄鳝
草鱼	螃蟹
鲢鱼	
鲤鱼	
甲鱼	
银鱼	

2. 识读汽车票、火车票、登机牌

车次 日期 座位号 票价 · · · 起始站 到达站 发车时间 乘车地点

汽车票

【趣味汉语】

江水往下流。（打一字）（汞）

西瓜地里散步——左右逢圆（源）。

来说是非者，便是是非人。——《西游记》

起始站

乘车日期、时间

票价

有效日期

到达站

车厢号、座位号

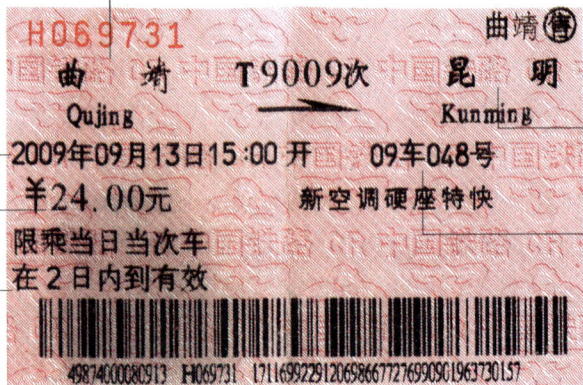

火车票

航班号、乘机时间

登机口位置示意图

登机口

登机牌

3. 常见公共标志

火车

公共汽车

等候室

废物箱

安全保卫

紧急呼救电话

出租车

无轨电车

医院

自行车停放处

紧急呼救设施

火情警报设施

飞机

轮船

加油站

急救

灭火器

方向

入口

出口

自动扶梯

电梯

电话

旅馆（饭店）

紧急出口

楼梯

残疾人设施

卫生间

票务服务

手续办理（接待）

上楼楼梯

下楼楼梯

男性

女性

问讯

邮政

【听读材料】植物王国

　　云南有"一山分四季，十里不同天"的立体气候，从寒带、温带到亚热带、热带的植物，都能在此生长，享有"植物王国"的美誉。云南的高等植物种类占全国的六成左右，低等植物不可胜数，是中国植物种类最多的省份。许多植物种类为云南独有，如云南樟、四数木、云南肉豆蔻、望天树、龙血树、铁力木等。

桫椤

贡山三尖杉

红豆杉

银杏（公孙树）

珙桐（鸽子花）

望天树

楠木

紫檀

水杉

【集中识字】木字旁

本 —— 资本
běn　　zī běn

末 —— 末尾
mò　　mò wěi

未 —— 未来
wèi　　wèi lái

术 —— 技术
shù　　jì shù

朴 —— 朴素
pǔ　　pǔ sù

权 —— 权利
quán　　quán lì

朵 —— 花朵
duǒ　　huā duǒ

杆 —— 电杆
gān　　diàn gān

杠 —— 杠铃
gàng　　gàng líng

材 —— 材料
cái　　cái liào

梧 —— 梧桐
wú　　wú tóng

森 —— 森林
sēn　　sēn lín

杉 —— 杉树
shān　　shān shù

极 —— 极端
jí　　jí duān

束 —— 约束
shù　　yuē shù

呆 —— 呆账
dāi　　dāi zhàng

查 —— 查找
chá　　chá zhǎo

柳 —— 柳树
liǔ　　liǔ shù

板 —— 木板
bǎn　　mù bǎn

构 —— 结构
gòu　　jié gòu

【活动】1. 本村退耕还林情况调查

年份	退耕面积	还林树种	政府补贴

【趣味汉语】

一木口中栽,非杏也非呆。(打一字)(束或困)

朽木当柴烧——不起焰(眼)。

刻薄不赚钱,忠厚不折本。——《醒世恒言》

2. 保护森林的方法举例

禁止乱砍滥伐

防　火

种　树

设置护林员

使用沼气替代木柴

防治病虫害

防治外来物种入侵

林产经济可持续经营

【趣味汉语】

风吹草低见牛羊。（打一字）（蓄）

牛角上抹油——又尖（奸）又滑。

卤水点豆腐，一物降一物。——《西游记》

【听读材料】云南山茶赛牡丹

当我国北方万木凋谢、冰封雪飘的时候，云南随处都能看到盛开的山茶，艳红似火、洁白似玉，活力四射，光彩夺目。郭沫若曾盛赞云南山茶赛牡丹："艳说茶花是省花，今来始见满城霞。人人都道牡丹好，我道牡丹不及茶。"

杜鹃花

百合花

兰花

报春花

龙胆花

绿绒蒿

山茶花

玉兰花

云南有两千多种观赏植物，山茶、杜鹃、报春、玉兰、百合、兰花、龙胆、绿绒蒿被誉为云南的"八大名花"。

【集中识字】草字头

节 —— 节约
jié   jié yuē

芝 —— 芝麻
zhī   zhī ma

苇 —— 芦苇
wěi   lú wěi

英 —— 英雄
yīng   yīng xióng

芽 —— 豆芽
yá   dòu yá

花 —— 花蕾
huā   huā lěi

芹 —— 芹菜
qín   qín cài

芥 —— 芥末
jiè   jiè mò

芳 —— 芳香
fāng   fāng xiāng

劳 —— 劳动
láo   láo dòng

茄 —— 茄子
qié   qié zi

茂 —— 茂盛
mào   mào shèng

苔 —— 青苔
tái   qīng tái

茅 —— 茅草
máo   máo cǎo

荐 —— 推荐
jiàn   tuī jiàn

茴 —— 茴香
huí   huí xiāng

荞 —— 荞麦
qiáo   qiáo mài

荠 —— 荠菜
jì   jì cài

荒 —— 荒山
huāng   huāng shān

荤 —— 油荤
hūn   yóu hūn

【活动】1. 识读云南常见的野菜名称

水蕨菜	苦凉菜	水芹菜	灰挑菜
龙爪菜	刺五加	香茅草	树番茄
酸木瓜	仙人掌	芦荟	小金瓜
大扁豆	金刚豆	蛇豆	草芽
棕包	绿笋	沙松尖	苦刺花
棠梨花	芭蕉花	石榴花	攀枝花
金雀花	核桃花	银雀花	奶浆草
玉兰花	甘蔗尖	白花根	百合花
槐花	地莲花	野山椒	野芥蓝

2. 本地观赏植物、花卉举例

观赏植物	花卉
柳树	山茶花
柏树	菊花
榕树	

【听读材料】动物王国

云南的动物资源十分丰富，多种气候带的动物均有分布，脊椎动物占全国的一半以上，昆虫占全国的四成左右，被誉为"动物王国"。云南的国家一级保护动物有野牛、野象、印支虎、滇金丝猴、蜂猴、长臂猿、白尾梢虹雉、犀鸟等；国家二级保护动物有猕猴、熊猴、灰叶猴、小熊猫、蟒、穿山甲、麝、绿孔雀等；国内罕见的鱼类有条鳅、裂腹鱼、双孔鱼、刀鲇等。

滇金丝猴

亚洲象

小熊猫

绿孔雀

蜂猴

穿山甲

【集中识字】虫字旁

蛮 —— 野蛮
mán　　　yě mán

萤 —— 萤光
yíng　　yíng guāng

蚜 —— 蚜虫
yá　　　yá chóng

蛋 —— 鸡蛋
dàn　　　jī dàn

蚪 —— 蝌蚪
dǒu　　　kē dǒu

蚓 —— 蚯蚓
yǐn　　　qiū yǐn

蟥 —— 蚂蟥
huáng　　mǎ huáng

蛀 —— 蛀虫
zhù　　　zhù chóng

蛆 —— 蛆虫
qū　　　qū chóng

蜂 —— 蜜蜂
fēng　　　mì fēng

蛉 —— 白蛉
líng　　　bái líng

蜈 —— 蜈蚣
wú　　　wú gōng

蛛 —— 蜘蛛
zhū　　　zhī zhū

蛇 —— 毒蛇
shé　　　dú shé

蝙 —— 蝙蝠
biān　　　biān fú

蛹 —— 蜂蛹
yǒng　　　fēng yǒng

螃 —— 螃蟹
páng　　　páng xiè

蛔 —— 蛔虫
huí　　　huí chóng

蝉 —— 蝉蜕
chán　　　chán tuì

螨 —— 螨虫
mǎn　　　mǎn chóng

【活动】1. 本村养殖情况调查

种类		养殖方式		产品销售	
		家 庭	养殖场	自 销	公司收购
畜 类	奶 牛				
禽 类	鹌 鹑				
水产类	罗非鱼				

2. 清洁能源和农村能源技术举例

清洁能源	农村能源技术
水 能	小水电
太阳能	太阳灶
风 能	小型风力发电
沼 气	沼气池
地热能	省柴节煤灶

【听读材料】药材王国

　　云南药用动植物、矿产资源丰富，仅常用的草药就有上千种，有"药材王国"之称。千百年来，云南各民族人民依托丰富的自然资源防病、治病，积累了大量的本土医药知识，如彝医、苗医、傣医、藏医等等。使用本土医药知识预防、治疗疾病，通常有效，价格也便宜，而且，本土医药知识还是开发新药的肥沃土壤，应将其保护好、利用好。

花、果

叶

茎

根

植物器官图

【集中识字】病字旁、月字旁

疼——疼痛
téng　téng tòng

痒——抓痒
yǎng　zhuā yǎng

瘦——瘦肉
shòu　shòu ròu

痔——痔疮
zhì　zhì chuāng

痉——痉挛
jìng　jìng luán

疯——疯狂
fēng　fēng kuáng

疗——治疗
liáo　zhì liáo

痢——痢疾
lì　lì jí

疟——疟疾
nüè　nüè jí

痰——痰盂
tán　tán yú

疤——伤疤
bā　shang ba

痕——痕迹
hén　hén jì

肌——肌肉
jī　jī ròu

肋——肋骨
lèi　lèi gǔ

肚——肚子
dǔ　dǔ zi

脑——大脑
nǎo　dà nǎo

朗——明朗
lǎng　míng lǎng

期——期待
qī　qī dài

肤——皮肤
fū　pí fū

肮——肮脏
āng　āng zāng

肿——肿块
zhǒng　zhǒng kuài

朝——朝阳
zhāo　zhāo yáng

【活动】1. 本地常用中草药举例

名　称	用　途
黄　连	清　热

2. 讨论传染病及预防措施

常见传染病		普通预防措施
结核病 乙　肝 狂犬病 艾滋病		
性　病	淋　病	1. 开窗
	梅　毒	2. 洗手
	生殖器疱疹	3. 锻炼
非典型肺炎 甲型H1N1流感		4. 除陋习 5. 休息 6. 隔离 7. 就诊

【听读材料】有色金属王国

云南矿产资源特别丰富，世界上可供利用的矿产九成以上的种类在云南都有发现。云南已探明的矿产有上百种，其中，金属矿主要有铜、锡、铅、锌、锰、铁、金、银等；非金属矿主要有磷、煤、钾盐、硫磺、大理石等。云南铅、锌、锡、锗、铜、镍、铂、锑等有色金属的储量居全国前三位，素有"有色金属王国"之称。

铜矿石

锡矿石

铅锌矿石

锗矿石

【趣味汉语】

加把力，就成功。（打一字）（工）
半边铃铛——响（想）不起来。
牢骚太盛防肠断，风物长宜放眼量。——毛泽东

【集中识字】金字旁、立刀旁

钾 —— 钾盐
jiǎ   jiǎ yán

钙 —— 钙片
gài   gài piàn

钓 —— 钓鱼
diào   diào yú

钉 —— 钉锤
dīng   dīng chuí

钞 —— 钞票
chāo   chāo piào

钥 —— 钥匙
yào   yào shi

铃 —— 铃铛
líng   líng dāng

锣 —— 锣鼓
luó   luó gǔ

刑 —— 刑罚
xíng   xíng fá

刊 —— 报刊
kān   bào kān

则 —— 规则
zé   guī zé

列 —— 列队
liè   liè duì

别 —— 告别
bié   gào bié

创 —— 创造
chuàng   chuàng zào

判 —— 判断
pàn   pàn duàn

到 —— 报到
dào   bào dào

制 —— 制作
zhì   zhì zuò

削 —— 剥削
xuē   bō xuē

【活动】1. 常见金属材料及制品举例

金属材料	金属制品
钢　筋	铝　锅
铁　丝	铁　锤

2. 农村适用技术举例

种植技术	养殖技术	病虫害防治法	农产品贮藏、加工技术
农作物间作套种		化学除草	
免耕播种		化学灭鼠	
地膜覆盖			
大　棚			
遮阳网覆盖栽培			
节水灌溉			
嫁接栽培			

【听读材料】彩云之南春城多

气象学上以10℃为"冷暖分界度"，22℃为"冷热分界度"。当5天平均温度在10℃以下时为冬天，高于22℃为夏天，介乎二者之间的是春天和秋天。昆明正是冬暖夏凉、四季如春的地方，以"春城"的美名传扬海内外。其实，何止昆明是春城！云南省为低纬度高海拔地区，大部分地区寒暑适中，阳光明媚，"天气常如二三月，花枝不断四时春"。

单位：C°（摄氏度）

地区	1月	2月	3月	4月	5月	6月	7月	8月	9月	10月	11月	12月
昆明	7.7	9.6	13.2	16.5	19.3	19.5	19.7	19.2	17.6	15.0	11.5	8.3
大理	8.6	10.5	14.2	17.8	20.3	20.8	20.8	20.1	18.5	16.0	11.7	8.3
西双版纳	15.7	17.7	20.9	24.1	25.6	25.6	25.8	24.9	24.4	22.5	19.3	16.2
丽江	5.9	7.5	10.4	13.3	16.6	17.8	18.1	17.3	16.0	13.3	9.0	6.3
迪庆	−3.8	−1.6	1.7	5.2	9.6	12.6	13.2	12.5	11.1	6.5	0.8	−2.9

云南部分地区的月平均气温举例

【集中识字】走之旁、足字旁

达 —— 到达
dá　　dào dá

边 —— 旁边
biān　　páng biān

过 —— 过去
guò　　guò qù

迁 —— 乔迁
qiān　　qiáo qiān

速 —— 迅速
sù　　xùn sù

进 —— 进步
jìn　　jìn bù

退 —— 退烧
tuì　　tuì shāo

还 —— 归还
huán　　guī huán

连 —— 连接
lián　　lián jiē

这 —— 这里
zhè　　zhè lǐ

跃 —— 跳跃
yuè　　tiào yuè

跷 —— 高跷
qiāo　　gāo qiāo

蹲 —— 下蹲
dūn　　xià dūn

跌 —— 跌倒
diē　　diē dǎo

跺 —— 跺脚
duò　　duò jiǎo

距 —— 距离
jù　　jù lí

蹩 —— 蹩脚
bié　　bié jiǎo

践 —— 实践
jiàn　　shí jiàn

跟 —— 跟踪
gēn　　gēn zōng

趴 —— 趴下
pā　　pā xià

跪 —— 跪拜
guì　　guì bài

蹄 —— 蹄筋
tí　　tí jīn

【活动】1. 讨论艾滋病与黄赌毒的联系

下列哪些行为具有直接或间接感染艾滋病病毒的危险？为什么？

共用剃须刀

共用注射器

共用马桶

共用游泳池

输　血

吸　毒

卖　淫

嫖　娼

拥　抱

文　身

赌　博

给予或接受按摩

【趣味汉语】

春一半，夏一半。（打一字）（麦）

歪嘴吹灯——尽出斜（邪）气。

宁为玉碎，不为瓦全。——《北齐书·元景安传》

2. 读药品使用说明书

龙发™   OTC

陈香露白露片说明书

【药品名称】

  品   名：陈香露白露片

  汉语拼音：Chengxiang Lubailu pian

【成   分】陈皮、川木香、大黄、石菖蒲、甘草、次硝酸铋、
            碳酸氢钠、硫酸镁、氧化镁

【性   状】本品为淡黄棕色片；气香、味咸、甜。

【功能主治】健胃和中，理气止痛。用于胃溃疡，糜烂性胃炎、
            胃酸过多，急性、慢性胃炎，肠胃神经官能症和十二指肠炎等。

【用法用量】口服，一次3～5片，一日3次。

【规   格】每片重0.5g

【贮   藏】密封

【包   装】1×100片／瓶／盒，塑料瓶装。

【有 效 期】三年

【批转文号】国药准字Z53020541

【生产企业】

  企业名称：云南龙发制药有限公司（外商独资企业）

  地   址：云南省楚雄市鹿城南路384号

  邮政编码：675000

  电   话：（0878）6134069

  营销电话：（0871）8327260 8323642

  传真号码：（0871）8326215

  网   址：http://www.longfar.com.cn

  电子邮箱：longfar@longfar.com.cn

药品使用说明书样本

【听读材料】二十六个民族异彩纷呈

　　云南有25个世居少数民族，加上汉族，共有26个民族，是全国民族分布最多的省份。云南的25个世居少数民族分别是彝族、白族、哈尼族、壮族、傣族、苗族、傈僳族、回族、拉祜族、佤族、纳西族、瑶族、藏族、景颇族、布朗族、普米族、怒族、阿昌族、德昂族、基诺族、水族、蒙古族、布依族、独龙族、满族。其中，白族、哈尼族、傣族、傈僳族、拉祜族、佤族、纳西族、景颇族、布朗族、普米族、怒族、阿昌族、德昂族、基诺族、独龙族等15个民族是云南特有的民族。云南各族人民山水相依、血脉相连，共同创造了一个绚丽多彩、独具魅力的文化大观园。

云南25个少数民族大团结

【集中识字】方框、门字框

囚 —— 囚犯
qiú　　qiú fàn

回 —— 回家
huí　　huí jiā

因 —— 因为
yīn　　yīn wèi

困 —— 困难
kùn　　kùn nan

图 —— 图画
tú　　tú huà

囤 —— 囤积
tún　　tún jī

闪 —— 闪亮
shǎn　　shǎn liàng

问 —— 问题
wèn　　wèn tí

闹 —— 吵闹
nào　　chǎo nào

闲 —— 休闲
xián　　xiū xián

阅 —— 阅读
yuè　　yuè dú

团 —— 团结
tuán　　tuán jié

园 —— 花园
yuán　　huā yuán

圈 —— 猪圈
juàn　　zhū juàn

固 —— 牢固
gù　　láo gù

国 —— 国家
guó　　guó jiā

闩 —— 门闩
shuān　　mén shuān

闭 —— 关闭
bì　　guān bì

间 —— 中间
jiān　　zhōng jiān

闷 —— 胸闷
mèn　　xiōng mèn

闺 —— 闺女
guī　　guī nǚ

阔 —— 开阔
kuò　　kāi kuò

【活动】1. 讨论现代公民意识

法律意识	知法
	懂法
	守法
	用法
责任意识	抚养老人
	监护孩子
	接受教育
	参与劳动
权利意识	选举权和被选举权
	知情权和查询权
	表决权
	监督权
环境意识	保护森林
	保护水源

【趣味汉语】

大力合作。（打一字）（夯）

和尚打伞——无发（法）无天。

理正不怕官，心正不怕天。——《醒世恒言》

2. 了解农村常用政策、法规

中华人民共和国农业法

中华人民共和国计划生育法

中华人民共和国义务教育法

中华人民共和国森林法

中华人民共和国畜牧法

中华人民共和国渔业法

农产品包装和标识管理办法

农产品地理标志管理办法

中华人民共和国农产品质量安全法

农产品产地安全管理办法

国务院关于在全国建立农村最低生活保障制度的通知

县级农村社会养老保险基本方案(试行)

卫生部、财政部、农业部关于建立新型农村合作医疗制度的意见

农村五保供养工作条例

中华人民共和国劳动合同法

中华人民共和国劳动合同法实施条例

国务院关于解决农民工问题的若干意见

建设领域农民工工资支付管理暂行办法

中华人民共和国农民专业合作社法

中华人民共和国乡镇企业法

中华人民共和国村民委员会组织法

【听读材料】云南的民族节日

　　云南民族众多，风俗各异，有着各种各样的节日，节庆文化多彩多姿。有的节日为一个民族所独有，如苗族的花山节、景颇族的目瑙纵歌节、傈僳族的刀杆节等；有的节日为多个民族所接受，如彝、白、哈尼、纳西等民族都过火把节，傣、德昂、布朗、阿昌、佤等民族都过泼水节，等等；有的节日甚至已演变成为综合性的大型活动，如白族的三月街，清代就有"乌绫帕子凤头娃，结队相携赶月街。观音石畔烧香去，元祖碑前买货来"的诗句描写。

彝族"火把节"

傣族"泼水节"

白族"三月街"

景颇族"目瑙纵歌"

云南民族节庆举例

哈尼族"长街宴"盛会
苗族"花山节"
新平"花街"情人节
傈僳族"澡塘会"
景颇族"目瑙纵歌节"
纳西族"棒棒会"
阿昌族"阿露窝罗节"
壮族"陇端节"
大理三月街
壮族"三月三"花街节
彝族"火把节"
佤族"新米节"
拉祜族"葫芦节"
回族"开斋节"
独龙族"卡雀哇"
藏族藏历新年
基诺族"特懋克节"
弥勒"祭火节"
佤族"木鼓节"
纳西族"三朵节"
傣族"泼水节"
"三月三"布依族民俗文化节
普米族"转山会"
彝族"花脸节"
剑川石宝山歌会
哈尼族"十月年"
瑶族"盘王节"
满族"颁金节"
傈僳族"阔时节"
蒙古族"那达慕"大会
水族"瑞节"

【集中识字】示字旁、王字旁

祥 —— 吉祥
xiáng　jí xiáng

祈 —— 祈祷
qí　qí dǎo

禅 —— 禅宗
chán　chán zōng

禄 —— 俸禄
lù　fèng lù

神 —— 神仙
shén　shén xiān

祝 —— 祝福
zhù　zhù fú

祸 —— 灾祸
huò　zāi huò

祠 —— 祠堂
cí　cí táng

玉 —— 玉石
yù　yù shí

现 —— 现在
xiàn　xiàn zài

全 —— 齐全
quán　qí quán

弄 —— 作弄
nòng　zuō nòng

环 —— 环绕
huán　huán rào

珠 —— 珠宝
zhū　zhū bǎo

玫 —— 玫瑰
méi　méi gui

珍 —— 珍珠
zhēn　zhēn zhū

理 —— 道理
lǐ　dào lǐ

玩 —— 玩具
wán　wán jù

球 —— 篮球
qiú　lán qiú

望 —— 希望
wàng　xī wàng

【活动】1. 讨论安全

	防火	注意事项：
居家安全	防盗	
	水、电、气管理	
	配备急需药品	
	饮食	
	开车	注意事项：
出行安全	游泳	
	进入森林	
	进入大型活动场所	
	建筑工地	注意事项：
生产安全	水上作业	
	机械使用	
防 灾	地震	注意事项：
	洪水、滑坡、泥石流	

【趣味汉语】

空中飞人。（打一字）（会）

七月十五吃月饼——赶鲜（先）。

一不积财，二不结怨，睡也安然，走也方便。——《济公全传》

2. 读工地安全须知

施工工地安全须知

一、不戴安全帽,不准进入现场。

二、酒后和带小孩者不准进入现场。

三、井架等垂直运输设备不准乘人。

四、不准穿拖鞋、高跟鞋上班。

五、楼板及易腐材料不准作脚手板使用。

六、电源开关不准一闸多用,未经训练的职工
　　不准操作机械。

七、无防护措施不准高空作业。

八、吊装设备未经检查(或试吊)不准吊装,
　　下面不准站人。

九、木工场地和防火禁区不准吸烟。

十、施工现场的各种材料应分类堆放整齐。

十一、作业时不准打闹,做到文明施工。

工地安全须知样本

【听读材料】云南的民族服饰

民族服饰是一个民族生存环境、生活方式、审美趣味的生动体现。云南的民族服饰多种多样，色彩斑斓，有的还具有丰富的象征意义，例如，纳西族妇女的服饰象征披星戴月；白族妇女服饰有"风摆垂杨柳，白雪映红霞"的气象，其包头上的缨穗、花朵、绒线球及整个包头的弯月形状，分别象征下关风、上关花、苍山雪和洱海月，等等。身着民族服装的各民族兄弟姐妹，如同永不凋谢的花朵，盛开在红土地上，鲜艳夺目。

云南民族服饰例图

【集中识字】衣字旁、绞丝旁

补 —— 补药
bǔ   bǔ yào

初 —— 当初
chū   dāng chū

衬 —— 衬衫
chèn   chèn shān

袖 —— 袖子
xiù   xiù zi

裕 —— 富裕
yù   fù yù

衰 —— 衰败
shuāi   shuāi bài

衷 —— 衷心
zhōng   zhōng xīn

袭 —— 偷袭
xí   tōu xí

袋 —— 口袋
dài   kǒu dai

裁 —— 裁缝
cái   cái feng

裹 —— 包裹
guǒ   bāo guǒ

裂 —— 分裂
liè   fēn liè

约 —— 约会
yuē   yuē huì

绕 —— 绕弯
rào   rào wān

纯 —— 单纯
chún   dān chún

纱 —— 纱窗
shā   shā chuāng

纹 —— 花纹
wén   huā wén

纠 —— 纠正
jiū   jiū zhèng

纤 —— 纤维
xiān   xiān wéi

绘 —— 绘画
huì   huì huà

绝 —— 绝对
jué   jué duì

经 —— 经历
jīng   jīng lì

绵 —— 连绵
mián   lián mián

纳 —— 归纳
nà   guī nà

【活动】1. 农村特色文化建设项目举例

开发民间工艺	表演民间艺术民俗	民俗旅游	特色文化品牌
编 织	戏 曲	农家乐	名 村
泥 塑	杂 技	生态游	名 镇
	舞 狮	古镇游	民间工艺大师
	花 灯		民间艺术之乡

【趣味汉语】

时装展览。（打一字）（裂）

爬山虎的功夫——扒（巴）结。

人靠衣装，佛靠金装。——《三宝太监西洋记通俗演义》

2. 读协议并讨论注意事项

租 房 协 议

出租方/房东（甲方）：　　　　　　　　联系电话：

承租方/房客（乙方）：　　　　　　　　联系电话：

　　兹有甲方房屋一套，地址：团结村2栋7号，户型：门面房，自愿租给乙方使用，双方友好协商达成如下协议：

　　一、租期暂定　年，即从　年　月　日至　年　月　日止，先付后住。

　　二、租期内房租每月人民币　元整，由乙方按　付给甲方不得拖欠。乙方不得转租。租期内如乙方拖欠房租，过期　天不交，甲方有权终止合同，收回出租房。

　　三、租期内甲方不得以任何理由随意加价，并将　年　月　日以前的水、电、气等房屋费用一次结清。租期内水、电等一切费用由乙方自付，按时交纳，如拖欠，甲方有权终止合同并收回房子。

　　四、甲方必须出示房产证和身份证以证明房屋的所有权，如发生房屋产权纠纷事件由甲方解决，乙方概不负责，由此给乙方造成的经济损失，由甲方承担。

　　五、甲、乙双方如停租或续租，都应提前一个月通知对方，在同等条件下乙方有优先续租权。

　　六、乙方不得损坏房屋结构，如须装潢需经甲方同意。

　　七、租期内甲方应帮助乙方协调水、电等的供应问题，保证正常畅通。租期内的安全由乙方自己负责。

　　八、租房押金　元。如甲方违约，赔偿乙方经济损失人民币　元；如乙方违约，赔偿甲方人民币　元。乙方到期不续租，费用结清，甲方应将押金退还给乙方。

　　九、租期内乙方如因火灾造成经济损失，应由乙方按价赔偿给甲方，不可抗拒的自然灾害，乙方不承担赔偿责任。

　　十、其他未尽事宜，双方协商解决。本协议一式二份，甲、乙双方各执一份，自签字之日起生效。

　　十一、租期内如发生争议，甲、乙双方应协商解决，如协商不成可向法院起诉。

　　十二、房租费和押金以收据为准。

　　　　水表底数：　吨　电表底数：　度

　　甲方签字：　　　　　　　　身份证号：

　　乙方签字：　　　　　　　　身份证号：

　　　　　　　　　　　　　　　年　　月　　日

协议样本

【听读材料】云南的小吃、特产

　　云南的风味小吃、特色食品很多，比较有名的有过桥米线、气锅鸡、宜良烤鸭、官渡粑粑、洋芋粑粑、滇八件（即：硬壳火腿饼、洗沙白酥、水晶酥、麻仁酥、玫瑰酥、伍仁酥、鸡㙡酥、火腿大头菜酥）、紫米八宝饭、玫瑰米凉虾、豌豆粉、抓抓粉、饵饺、烧豆腐、乳扇等等。云南特产丰富，广为人知，如云南白药、斑铜工艺品、剑川木雕、建水陶器、大理石工艺品、腾冲玉器、个旧锡制品、户撒刀、扎染、普洱茶、油鸡㙡等。有些类别的产品，因品质好、名气大、畅销不衰，被冠以"云"字，成为云南的名片，如云烟、云药（白药）、云腿（火腿）、云子（围棋子）等。

气锅鸡

过桥米线

三道茶

菌香烟雨外　异味滇海闻

【集中识字】食字旁、米字旁

饥——饥饿
jī　　jī è

饲——饲料
sì　　sì liào

馅——馅[儿]饼
xiàn　xiànr bǐng

馋——嘴馋
chán　zuǐ chán

馊——馊主意
sōu　　sōu zhǔ yi

蚀——腐蚀
shí　　fǔ shí

饱——饱满
bǎo　　bǎo mǎn

饰——装饰
shì　　zhuāng shì

饵——诱饵
ěr　　yòu ěr

馒——馒头
mán　　mán tou

类——类型
lèi　　lèi xíng

精——精通
jīng　　jīng tōng

料——肥料
liào　　féi liào

粪——粪便
fèn　　fèn biàn

糯——糯米
nuò　　nuò mǐ

粘——粘锅
zhān　　zhān guō

粥——稀粥
zhōu　　xī zhōu

糊——糊涂
hú　　hú tu

糟——糟糕
zāo　　zāo gāo

糠——米糠
kāng　　mǐ kāng

粽——粽子
zòng　　zòng zi

籽——菜籽
zǐ　　cài zǐ

【活动】1. 读招聘广告并讨论聘用条件

招聘发型师、助理

我公司正在筹建美容美发会所，新店位于财富中心，拟定于12月22日开张。现开始招聘发型师和助理，具体要求如下：

1. 发型师2名，男，初、高中文化，年龄25～35岁，有5年以上美发经历，能熟练操作女性发型（烫、染）。性格开朗，有合作精神，身体健康。

2. 助理2名，女，初、高中文化，年龄19～25岁，有1年实践经历。性格开朗，有合作精神，身体健康。

工资待遇：面谈。

有意者请到千变美容有限公司报名（北辰大道356号）或把应聘资料发到：2865343@yahoo.com.cn 邮箱，公司会及时与你联系，我们期待你的加入。

千变美容有限公司

2009年11月25日

招聘广告样本

2. 讨论外出打工的注意事项

注意事项	求助对象	
	个人	机构
招工消息、就业渠道的可靠性	家人	政府
签订劳动合同	亲戚	派出所
劳动合同的有效性	邻居	医院
劳动报酬	领导	律师事务所
劳动安全	朋友	心理诊所
社会保险	老师	
工伤保险	同学	
处理劳动争议的机构		
处理劳动争议的程序		
申请法律援助		
记住常用救助电话：110、120、119、114		
学一技之长		

【趣味汉语】

两木多一半，不作森字猜。（打一字）（梦）

小葱拌豆腐——一青（清）二白。

柴米油盐酱醋茶烟，除却神仙少不得。

孝悌忠信礼义廉耻，无须铜钱可做来。——清·袁枚

【听读材料】云南的民居

云南地形复杂，气候多样，真可谓"十里不同风，百里不同俗"。相应地，民居带有明显的地域特点和民族特色，例如，彝族的平顶土掌房、傣族的"干栏式"竹楼、白族的"三坊一照壁"、傈僳族的"千脚落地房"、佤族的草木房、普米族的木楞房等，有的冬暖夏凉，有的幽雅别致，有的清净爽朗，有的防风避震，有的易建易盖，各有千秋，各具特色，折射着人们适应环境、创造美好生活的理想和智慧。

傣家竹楼

"三坊一照壁"

木楞房

佤族草木房

【集中识字】提手旁

扎——捆扎
zā　　kǔn zā

抢——抢救
qiǎng　qiǎng jiù

扑——扑灭
pū　　pū miè

扒——扒开
bā　　bā kāi

扔——扔掉
rēng　rēng diào

扛——扛锄头
káng　káng chú tou

扣——纽扣
kòu　　niǔ kòu

推——推开
tuī　　tuī kāi

执——执行
zhí　　zhí xíng

扩——扩大
kuò　　kuò dà

扫——扫地
sǎo　　sǎo dì

扬——扬帆
yáng　yáng fān

扶——帮扶
fú　　bāng fú

抚——抚养
fǔ　　fǔ yǎng

按——按照
àn　　àn zhào

抖——抖动
dǒu　　dǒu dòng

拒——拒绝
jù　　jù jué

找——寻找
zhǎo　xún zhǎo

批——批发
pī　　pī fā

抓——抓痒
zhuā　zhuā yǎng

【活动】1.学习使用互联网

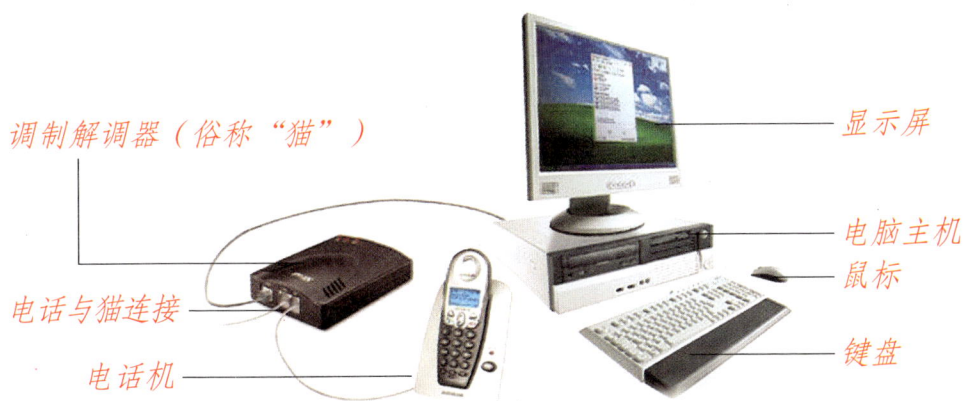

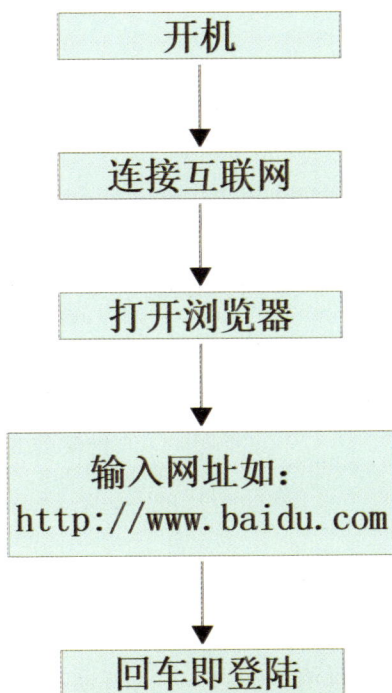

调制解调器（俗称"猫"）

电话与猫连接

电话机

显示屏

电脑主机

鼠标

键盘

开机

↓

连接互联网

↓

打开浏览器

↓

输入网址如：
http://www.baidu.com

↓

回车即登陆

上网步骤示意图

2. 讨论现代通信工具的用途

	固定电话 （座机）	移动电话 （手机）	互联网	
用　途	打电话	打电话	收发邮件　网络电话	
	录音 留言	收发短信	查找消息	市场行情
				国家政策
				科技信息
	查　询	照　相	发布信息	机构信息
				产品信息
		上网 收听广播	休闲娱乐	看电影
				交　友
				购　物
		时间、日历	学习知识	在线阅读
		计　算		交　流
缺　点	不便于移动	辐　射	错误信息、不健康信息导致网瘾	

【趣味汉语】

存心不让出大门，你说烦人不烦人。（打一字）（闷）

门神卷灶王——画（话）里有画（话）。

无论海角与天涯，大抵心安即是家。——白居易

【听读材料】云南的民间歌舞

云南是歌舞的海洋，各族人民能歌善舞。云南著名的民歌有《小河淌水》、《远方的客人请你留下来》、《猜调》等等，常见的舞蹈有烟盒舞、扇子舞、象脚鼓舞、孔雀舞、东巴舞、霸王鞭、阿细跳月、热巴舞、芦笙舞、目瑙纵歌、木鼓舞、摆手舞等等。云南民间歌舞中使用的民间乐器种类繁多，有两百多种，被誉为"乐器的王国"。

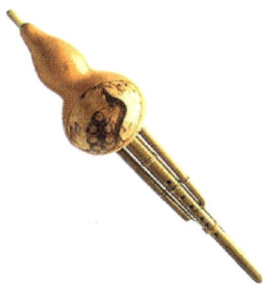

葫芦丝

巴乌

象脚鼓

大三弦

弦子

【集中识字】口字旁

可 —— 可以
kě　　　kě yǐ

占 —— 占有
zhàn　　　zhàn yǒu

号 —— 号码
hào　　　hào mǎ

叫 —— 叫好
jiào　　　jiào hǎo

叩 —— 叩头
kòu　　　kòu tóu

叨 —— 唠叨
láo　　　láo dao

另 —— 另外
lìng　　　lìng wài

叹 —— 感叹
tàn　　　gǎn tàn

句 —— 句号
jù　　　jù hào

咒 —— 咒骂
zhòu　　　zhòu mà

召 —— 召唤
zhào　　　zhào huàn

加 —— 加强
jiā　　　jiā qiáng

咖 —— 咖啡
kā　　　kā fēi

吉 —— 吉利
jí　　　jí lì

吐 —— 吐露
tǔ　　　tǔ lù

吓 —— 吓唬
xià　　　xià hu

吨 —— 吨位
dūn　　　dūn wèi

吵 —— 吵架
chǎo　　　chǎo jià

员 —— 员工
yuán　　　yuán gōng

只 —— 只有
zhǐ　　　zhǐ yǒu

【活动】1. 讨论什么是幸福生活

阅读材料：

人生什么事最苦呢？贫吗？不是；失意吗？不是；老吗？死吗？都不是。我说人生最苦的事，莫苦于身上背着一种未来的责任。人若能知足，虽贫不苦；若能安分（不多作分外希望），虽失意不苦；老、病、死，乃人生难免的事，达观的人看得很平常，也不算什么苦，独是人在世间一天，便有一天应该做的事；该做的事没有做完，便像是有几千斤重担子压在肩头，再苦是没有的了。为什么呢？因为受那良心责备不过，要逃躲也没处逃躲呀。翻过来看，什么事最快乐呢？自然责任完了，算是人生第一件乐事。

——《梁启超文集》，民声书店，1935年版。

话题提示（边讨论，边记下具体表现）：

幸福生活的基础
身体健康
家庭和睦
目标切合实际
理　性
乐　观
合　群
豁　达
还有什么？

2. 学写书信，识读包裹单、请柬

亲朋好友常写信，书信往来表深情。

首先顶格写称呼，另起一行写正文。

一事一段写清楚，结尾应该表祝愿。

署名之后写日期，填好信封贴邮票。

秀英姐：

　　你好！你好久没有回老家了，一定不知道家乡的变化吧？告诉你，近两年来，我们家乡的变化真是太大了！村里盖了许多新房，许多城里人用的东西我们也有了，吃穿就更不用愁了。有时间，你一定回来看看，好吗？

　　对了，还要告诉你一件事：我现在参加了村里的扫盲班，不仅学会了许多字，而且还学到了一些知识和技术。

　　天气渐渐凉了，你要保重身体。

　　祝你

工作顺利，万事如意！

妹：秀兰

2008年8月6日

书信样本

贴邮票处

邮政编码 675105 ——寄信人邮政编码

6 5 0 0 9 1 —— 收信人邮政编码

收信人地址、单位 ——昆明市翠湖北路2号云南大学

收信人姓名 —— 李爱华　收

寄信人地址、单位 ——楚雄州双柏县大麦地村委会

标准信封书写样本

包裹单样本

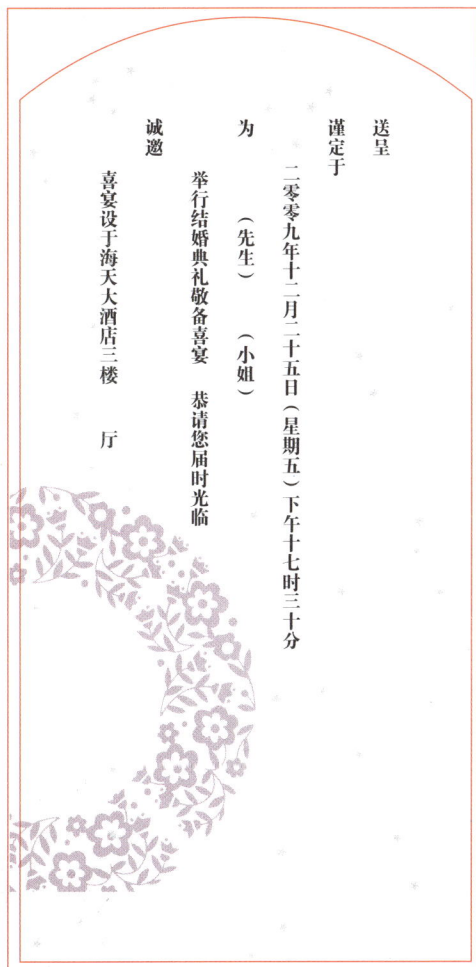

请柬样本

127

【听读材料】云南的民间叙事诗

云南的很多民族都有自己口耳相传的叙事诗，这些叙事诗流传久远，具有浓郁的民族特色和动人的浪漫色彩，如傣族的《召树屯》、《线秀》，彝族的《梅葛》、《阿细的先基》，撒尼人的《阿诗玛》，纳西族的《创世纪》、《玉龙第三国》，哈尼族的《逃婚的姑娘》，白族的《串枝连》，拉祜族的《牡帕密帕》，佤族的《司岗里》、傈僳族的《逃婚调》、《重逢调》、《生产调》，等等。有的还被改编成电影，广为流传，如《孔雀公主》、《阿诗玛》等。

石林"阿诗玛"

【集中识字】言字旁

计 —— 计算
jì   jì suàn

认 —— 认识
rèn   rèn shi

讨 —— 讨债
tǎo   tǎo zhài

让 —— 谦让
ràng   qiān ràng

训 —— 培训
xùn   péi xùn

议 —— 议论
yì   yì lùn

讯 —— 通讯
xùn   tōng xùn

谊 —— 友谊
yì   yǒu yì

讲 —— 讲话
jiǎng   jiǎng huà

详 —— 详细
xiáng   xiáng xì

讼 —— 诉讼
sòng   sù sòng

讽 —— 讽刺
fěng   fěng cì

设 —— 设计
shè   shè jì

访 —— 信访
fǎng   xìn fǎng

证 —— 证明
zhèng   zhèng míng

评 —— 评价
píng   píng jià

诊 —— 诊断
zhěn   zhěn duàn

试 —— 试验
shì   shì yàn

诚 —— 诚意
chéng   chéng yì

询 —— 询问
xún   xún wèn

【活动】1. 讨论对孩子的教育

阅读材料：

儿童富有感情，却缺乏理智；儿童富有欲望，而不能抑制。因此儿童世界非常广大自由，在这里可以随心所欲地提出一切愿望和要求：房子的屋顶可以要求拆去，以便看飞机；眠床里可以要求生花草，飞蝴蝶，以便游玩；凳子的脚可以给穿鞋子；房间里可以筑铁路和火车站；亲兄妹可以做新官人和新娘子；天上的月亮可以要它下来……人们笑他们"傻"，称他们的生活为"儿戏"，常常骂他们"淘气"，禁止他们"吵闹"。这是成人的主观主义看法，是不理解儿童心理的人的粗暴态度。

——《丰子恺随笔精编》，浙江文艺出版社，1996年版。

话题提示：

如何教育孩子		
养成好习惯		饮食起居
		卫　生
		礼　貌
		学　习
遵守规则		知法守法
		校规校纪
		交通规则
		社会公德
尊重知识热爱知识		
尊重生命热爱生活		
培养好奇心		
培养生存技能		

2. 学写请假条、留言条

请假留言，写个便条。

顶格称呼，后加冒号。

另起一行，书写正文。

落下姓名，写明日期。

字迹清楚，简明扼要。

请假条

刘老师：

　　我因生病，今晚不能到夜校听课，请准假。

请假人：李朝芳

2008年3月9日

请假条样本

留言条

李东：

　　我今晚有事外出，不能跟你去看电影了，真对不起！明晚八点左右，我到你家找你，望等候。

张小丽

2008年3月9日

留言条样本

131

【听读材料】云南的世界遗产和历史文化名城、名镇

　　云南有着独特的自然景观和丰富的文化遗存，是我国重要的遗产保护地。丽江古城被列为世界文化遗产，三江并流、石林被列为世界自然遗产，东巴古籍文献被列为世界记忆遗产，昆明、大理、丽江、建水、巍山被列为国家级历史文化名城。此外，云南还有众多的省级名城、名镇，如威信、腾冲、会泽、保山、石屏、广南、孟连、漾濞、香格里拉、剑川、通海、娜姑镇、石羊镇、黑井镇、沙溪镇、云南驿镇、豆沙镇等等。

世界文化遗产——丽江古城　　　　　历史文化名城——大理古城

【趣味汉语】

　　水火相容。（打一字）（淡）
　　木匠的儿子——会加楔（塞）。
　　三更灯火五更鸡，正是男儿读书时。黑发不知勤学早，白首方恨读书迟。——唐·颜真卿《劝学》

【集中识字】宝盖头

安 —— 安全
ān　　ān quán

宁 —— 宁静
níng　　níng jìng

它 —— 它们
tā　　tā men

宇 —— 宇宙
yǔ　　yǔ zhòu

守 —— 守门
shǒu　　shǒu mén

宅 —— 宅基地
zhái　　zhái jī dì

完 —— 完成
wán　　wán chéng

灾 —— 灾害
zāi　　zāi hài

牢 —— 牢固
láo　　láo gù

宝 —— 珠宝
bǎo　　zhū bǎo

宗 —— 宗祠
zōng　　zōng cí

定 —— 决定
dìng　　jué dìng

宠 —— 宠物
chǒng　　chǒng wù

宜 —— 便宜
yí　　pián yi

审 —— 审问
shěn　　shěn wèn

官 —— 当官
guān　　dāng guān

实 —— 实际
shí　　shí jì

宣 —— 宣讲
xuān　　xuān jiǎng

室 —— 卧室
shì　　wò shì

宫 —— 宫殿
gōng　　gōng diàn

【活动】1. 讨论"新农村"建设

阅读材料：

垃圾粪便沿街堆放，烟熏火燎烧柴做饭，是过去广大乡村常见的景象。改善农村环境、推广使用清洁能源，是文明生态村建设的重要内容。推广使用沼气，无疑是一剂标本兼治的"良方"。建沼气池，农民将人畜粪便直接送入池里发酵，干净卫生，美化了农村环境，减少了肠道传染病发病率；产生的沼气用来照明、做饭，节省了燃料费用；产生的沼渣、沼液，可以作为新的有机肥料，促进了养殖业、蔬菜林果、日光大棚等生态循环经济产业发展，增加了农民收入。

——《农户用上沼气环保经济双赢》，搜狐新闻2006-07-08。

话题提示：

生产发展	生活宽裕	乡风文明	村容整洁	管理民主
新技术应用	农民增收	村规民约健全	制定建设规划	参与权
非农产业发展	医疗保障	社区安全	清理垃圾	决策权
	社会保障	健康娱乐	清理路障	监督权
			节能灶改造	
			厕所改造	
			清洁水源	

【活动】2. 学写简历、自荐信

个人信息表

				照片粘贴处 一寸黑白照
姓名		是否换取新身份证	是　　否	
曾用名		身份证号码		
性别		民族		
出生年月		籍贯	出生地	
宗教		文化程度	婚姻状况	
身高		血型	配偶姓名	
兵役状况		实际居住地址		
个人电话		居住地派出所		

个人信息表样本

自荐书

　　我叫刘万春，男，今年40岁，家住大地基乡刘家冲一社，初小文化，身体健康，能吃苦耐劳，会泥水活。如果能让我做泥水工，我一定会尽心尽力，按质按量做好工作。望能录用！

　　（附：身份证复印件一份）

自荐人：刘万春

2008年5月11日

自荐书样本

【听读材料】保护家乡的资源

　　云南自然资源、文化资源丰富，是我们建设美好家园的宝贵财富。我们要注意保护家乡的山山水水，保护一草一木，保护传统文化和文物古迹。俗话说，"前人栽树，后人乘凉。"如果我们只为眼前的利益挥霍资源，滥用资源，就会提前把后世子孙赖以生存的自然条件消耗掉，生活质量就会一代不如一代。可持续发展，讲的就是这个道理。

世界遗产标志

中国文化遗产标志

中国非物质文化遗产标志

回收标志

中国环境标志

中国名牌标志

质量安全标志

国家免检产品标志

绿色食品标志

【集中识字】单人旁

什 —— 什么
shén　　shén me

仁 —— 仁慈
rén　　rén cí

仆 —— 公仆
pú　　gōng pú

伦 —— 伦理
lún　　lún lǐ

仇 —— 仇视
chóu　　chóu shì

仅 —— 仅有
jǐn　　jǐn yǒu

付 —— 付费
fù　　fù fèi

代 —— 代理
dài　　dài lǐ

传 —— 传达
chuán　　chuán dá

休 —— 休息
xiū　　xiū xi

件 —— 文件
jiàn　　wén jiàn

任 —— 任务
rèn　　rèn wù

伤 —— 伤害
shāng　　shāng hài

价 —— 价格
jià　　jià gé

份 —— 份额
fèn　　fèn é

仿 —— 模仿
fǎng　　mó fǎng

伙 —— 伙伴
huǒ　　huǒ bàn

伪 —— 伪造
wěi　　wěi zào

似 —— 相似
sì　　xiāng sì

估 —— 估算
gū　　gū suàn

【活动】1. 讨论农村保护环境的做法

阅读材料：

9亿农民，散居在960万平方公里的国土上，每年排出生活污水约80多亿吨，产生生活垃圾约1.2亿吨，造成的污染占全国总污染的30%以上。如用10吨载重卡车装运，这些卡车首尾相接的长度能绕地球200圈以上！

我国农村定居点星罗棋布，与动辄几十万、上百万人口的城市相比，农村垃圾的地理分布分散，因此污水、垃圾收集与处理的成本自然要比城市高得多。

农村污染的特点——量大、分散，农村环保工作方式不仅要学学蚂蚁搬家的执著精神，更要学学蚂蚁搬家的技巧，采取"户收、村集、乡镇中转、县市处置"的垃圾处理方式。

——潘绍军：《学学蚂蚁搬家》，《人民日报》2008年12月11日。

话题提示：

个人环保行为	村镇绿化	生态农村建设
节约用水	房前屋后	生态人居
节约用纸	水旁	生态环境
选用节能电器	路旁	生态产业
使用太阳能	荒山	生态文化
拒绝使用一次性用品	荒坡	
绿色出行	荒滩	
减少垃圾	荒沟	
使用沼气		

2. 学写介绍信、证明

介绍信

×××单位：

　　兹有我单位×××同志，前往你处办理申领抗旱救灾款事宜，请予接洽。

申请人单位（盖章）

2010年3月10日

介绍信样本

证　明

×××信用社：

　　张永贵系我村三组村民，他一直以来勤劳上进，掌握了食用菌养殖技术，现已脱贫致富。为了扩大食用菌养殖规模，带领其他村民致富，他申请贷款叁万元整。请审核批准为盼！

×××村委会（公章）
2008年4月1日

证明样本

【趣味汉语】

出工不出力。（打一字）（切）

厕所里练撑杆跳——过（粪）分。

弟子规，圣人训：首孝悌，次谨信。泛爱众，而亲仁。有余力，则学文。——《弟子规》

【听读材料】走向世界的七彩云南

云南是地球上生物多样性和文化多样性最为丰富的地区之一，山河壮丽，物产富饶，民族风情异彩纷呈，有"七彩云南"之称。今天，云南正以其独特的区位优势，成为中国连接东南亚、南亚的桥头堡，云南各民族人民创造的灿烂文化，正在走向世界，大放光彩。

云南国际大通道——昆曼公路示意图

【集中识字】目字旁、竖心旁

盯 —— 盯梢
dīng　　dīng shāo

盲 —— 盲目
máng　　máng mù

瞎 —— 瞎子
xiā　　xiā zi

省 —— 省钱
shěng　　shěng qián

盹 —— 打盹[儿]
dǔn　　dǎ dǔnr

盼 —— 盼望
pàn　　pàn wàng

眨 —— 眨眼
zhǎ　　zhǎ yǎn

着 —— 着落
zhuó　　zhuó luò

盾 —— 矛盾
dùn　　máo dùn

睡 —— 睡眠
shuì　　shuì mián

忆 —— 回忆
yì　　huí yì

忙 —— 忙碌
máng　　máng lù

怀 —— 怀念
huái　　huái niàn

忧 —— 忧愁
yōu　　yōu chóu

怜 —— 可怜
lián　　kě lián

性 —— 性格
xìng　　xìng gé

怕 —— 害怕
pà　　hài pà

怪 —— 奇怪
guài　　qí guài

恨 —— 痛恨
hèn　　tòng hèn

悄 —— 悄悄
qiāo　　qiāo qiāo

【活动】1. 讨论生财之道

阅读材料：

要赚钱，首先要会算账。

你们都很会算账，但有几笔账可能没有算：第一，身体健康就是赚钱。现在医药费太贵啦，你赚了个几万、十几万，可能一场病就落得个倾家荡产，所以因病返贫已成了我们这里贫困的第一原因。第二，教好子女就是赚钱。俗话说得好：穷人怕崽大。儿女好，穷家可以变富，反之富家必然变穷。人都是要老的，教好子女是父母最重要的中长期投资。第三，警惕时髦就是赚钱。大部分时髦都是商家制造出来的，是媒体炒作出来的。我们那些辛苦在城里打工的人，一年没有挣多少钱，回家的时候把钱换了些城里的时髦玩意儿带回来。看到那些不实用的东西，我都觉得亏。第四，简朴生活就是赚钱。花红一时，草绿四季。这句俗话说出了生活的大道理。富豪奢侈之家的抗风险能力其实最弱，因为成本太大，摊子太大，船大了不好掉头，爬高了摔得最痛。你们不花一个钱，天天也在活动筋骨和出汗，为什么就觉得这不是钱？最后一点，是说给五十岁以下的人听的：勤学多思也是赚钱。五十岁以下的人记忆力强，应该抓紧时间学点什么。我观察，现在很多人不能生财，生了财也守不住财，主要原因是上当受骗，因此，大家要善于学习，要动脑筋，首先要学会防骗防宰。我建议大家以后少打点麻将，多读点书报，多接触点高人。看电视时少看点武打片，多看些长知识和学本领的节目。不光要学科学技术，还要学习法律政策知识和市场经济知识，包括学会辨别和判断各种宣传，这样才能缓解"信息不对称"状况，减少自己的无谓亏损。希望你们能赚到钱，更重要的，是赚来金钱买不到的人生重要财富。

—— 韩少功：《大题小作·怎么赚钱》，《小品文选刊》（2009年2月）。

话题提示：

生财之道	
直接方式	**间接方式**
种粮食	锻炼身体
种经济作物	教育儿女
养经济动物	勤俭持家
外出打工	学会理财
	不追时髦

2. 学写启事、通知、感谢信

寻物启事

　　3月23日晚8点左右，本人在县城永新路农资公司旁遗失一个背包，内有身份证、现金叁百元 、农用拖拉机购货发票一张，有拾到者请与失主联系，失主愿酬谢。

　　联系电话：13007628321　田先生

　　　　　　　8817552　张先生

　　　　　　　　　　　　　　　2008年3月24日

启事样本

会议通知

为了红土村的经济发展、村民致富，创建和谐的社会主义新农村，经村委会研究，决定召开宅基地集中分配、住房建设会议。现就有关事项通知如下：

一、会议内容：宅基地的集中分配和住房建设。

二、参加人员：红土村全体村民。

三、会议时间：3月26日至28日。

四、会议地点：红土村村委会操场。

红土村村委会（公章）

2008年3月24日

通知样本

感谢信

××农科所：

在今年五月我乡玉米发生大面积虫害的紧急时刻，贵所派出全部农业技术人员来我乡根治病虫害，避免了上千亩玉米绝收。目前作物长势良好，丰收在望。谨向你们表示衷心感谢！

此致

敬礼

××乡人民政府（公章）

2010年5月

感谢信样本

【趣味汉语】

有借有还，再借不难。（打一字）（欢）

杵棒砸杵臼——石打石（实打实）。

钱财如粪土，仁义值千金。——《警世通言》

【主题】数　字

在人们的生活中，数字无处不在。门牌号、车牌号、时间、日历、电话号码、身份证号码、邮政编码都要用数字表示。从事生产经营活动，更离不开数字，表示轻重、长短、大小、多少，收钱、付款、开发票，都需要使用数字。值得注意的是，牵涉到经济事项时，常常需要使用中文大写数字。

中文大写数字

零	壹	贰	叁	肆	伍	陆	柒	捌	玖	拾	佰	仟	万	亿

数位表：数字的读法

…	亿位	千万位	百万位	十万位	万位	千位	百位	十位	个位	读　法
									5	五
								1	8	十八
							3	0	1	三百零一
						4	2	0	0	四千二百
					5	0	3	0	5	五万零三百零五
				8	9	0	0	3	0	八十九万零三十
		1	0	0	4	5	0	0	8	一千零四万五千零八
	1	0	0	2	0	0	0	8	0	一亿零二十万零八十

【应用】借条、收条、发票、汇款单、存款单、取款单、人民币辩识

钱物数量大写，句子简短明了。

落款签名盖章，日期不要忘掉。

内容若有涂改，勿忘加盖印章。

借　条

今借到李华同志壹万伍仟元人民币（15000.00元），一个月后归还。

李　平

2008年5月9日

借条样本

收　条

今收到李跃明交来荒山承包款人民币壹仟伍佰元整（1500.00元）。

李家村村委会（公章）

经手人：高明华

2008年3月25日

收条样本

云南省工商业销售统一发票

第二联 发票

53992764362050

客户名称 营盘小学

品 名	规格	单位	数量	单价	金 额							
					十	万	千	百	十	元	角	分
粉 笔		盒	100	1.20			1	2	0	0	0	0
笔记本		本	18	2.00				3	6	0	0	
合计金额（大写）		×拾×万×仟壹佰伍拾陆元零角零分						￥：156.00				

收款单位（盖章有效）

收款：张凤花　　开票：张凤花

2008年4月6日

统一发票样本

汇款单样本

存款凭证

取款凭证

存款单、取款单样本

迎光透视水印　微缩文字：100　磁性安全线　阴阳互补对印图案　隐形面额数字

凹印手感线

光变油墨面额数字　白水印　雕刻凹版印刷　手工雕刻头像　盲文面额标记

人民币真币辨识要点

148

【主题】加法、减法

在一个数量上添加，就要用到加法；而减少，则要用到减法。在做加法和减法时，首先要对齐数位，然后从个位加起或减起。加法满十就向前一位添"一"，减法不够就向前一位借"一"。

加法

```
18  +  3  =  21
:   :  :  :   :
加  加 加 等  和
数  号 数 号
```

读作：十八加三等于二十一

```
              18 ···加数
竖式：加号··· +  3 ···加数
           ─────────
              21 ···和
```

两数或几数相加，相同数位要对齐。

是从个位相加起，满十就向前进一。

减法

```
47  -  8  =  39
:   :  :  :   :
被  减 减 等  差
减  号 数 号
数
```

读作：四十七减八等于三十九

```
              47 ···被减数
竖式：减号··· -  8 ···减数
           ─────────
              39 ···差
```

被减数来减减数，相同数位要对齐。

先从个位相减起，不够再向前借一。

【应用】1. 销售额合计

某餐饮店日销售额合计（单位：元）

	5月1日	5月2日	5月3日	5月4日
早 餐	150	180	200	130
中 餐	300	260	210	140
晚 餐	520	680	490	580
合 计				

2. 找零

某水果店找零计算（单位：元）

收 币	20	50	100	200
水果价钱	12	31	79	116
找 零				

3. 估算、口算

运用"整加整，百加百"等方法提高估算、口算能力。例如：
870+250=800+200+100+20=1120

4. 计算练习举例

2+3=   5+6=   12+3=   11+9=   15+7=   24+17=   105+9=

117+23=   150+120=   870+250=

9−2=   10−3=   19−12=   17−8=   25−19=   93−17=   105−4=

137−18=   116−29=   209−187=

【主题】乘法、除法

当遇到把多个相同的数累加起来的问题时，最简便的方法就是把这个数乘以其重复的次数，这就用到了乘法。反之，如果要把一个数均等分开，就要使用除法。

乘法

15 ＋ 15 ＋ 15 ＝ 45

15 × 3 ＝ 45
⋮ ⋮ ⋮ ⋮
因 乘 因 等 积
数 号 数 号

读作：十五乘以三等于四十五。

竖式：乘号⋯ $\begin{array}{r} 15 \quad \cdots 因数 \\ \times \quad 3 \quad \cdots 因数 \\ \hline 45 \quad \cdots 积 \end{array}$

> 几个相同数连加，
> 简便运算用乘法。
> 利用乘法口诀表，
> 依次相乘不能少。

除法

72 ÷ 8 ＝ 9
⋮ ⋮ ⋮ ⋮ ⋮
被 除 除 等 商
除 号 数 号
数

读作：七十二除以八等于九。

$$\begin{array}{r} 9 \quad \cdots 商 \\ 除数\cdots 8\,\overline{)\,72} \quad \cdots 被除数 \\ 72 \quad \cdots 商与除数的积 \\ \hline 0 \quad \end{array}$$

0 ⋯被除数与商与除数的乘积之
差。等于0则表示刚好除尽。

> 一数分几份，
> 每份要平均；
> 被除数写在里，
> 除数写在外；
> 商从高位起，
> 不够再退位；
> 一一除尽时，
> 结果变为"0"。

【应用】1. 库存盘点

某便利店月终盘点

种　类	数　量	单价（元）	合计（元）
毛　巾	15条	5	
卫生纸	21包	16	
衣　架	39个	3	
洗洁精	7瓶	21	

2. 算单产，算月收入、分摊费用等

例1：某户包种6亩水稻田，2009年共收得稻谷4 800公斤，请计算亩产量。

例2：某人外出打工5年，共挣得10万元钱，请计算他在这5年中的平均月收入。

例3：4人合伙做生意，需要凑20万元进货款，计算平均每人应承担的份额。

3. 熟悉乘法口诀表

九九乘法口诀表

一一得一 1×1=1								
一二得二 1×2=2	二二得四 2×2=4							
一三得三 1×3=3	二三得六 2×3=6	三三得九 3×3=9						
一四得四 1×4=4	二四得八 2×4=8	三四十二 3×4=12	四四十六 4×4=16					
一五得五 1×5=5	二五一十 2×5=10	三五十五 3×5=15	四五二十 4×5=20	五五二十五 5×5=25				
一六得六 1×6=6	二六十二 2×6=12	三六十八 3×6=18	四六二十四 4×6=24	五六三十 5×6=30	六六三十六 6×6=36			
一七得七 1×7=7	二七十四 2×7=14	三七二十一 3×7=21	四七二十八 4×7=28	五七三十五 5×7=35	六七四十二 6×7=42	七七四十九 7×7=49		
一八得八 1×8=8	二八十六 2×8=16	三八二十四 3×8=24	四八三十二 4×8=32	五八四十 5×8=40	六八四十八 6×8=48	七八五十六 7×8=56	八八六十四 8×8=64	
一九得九 1×9=9	二九十八 2×9=18	三九二十七 3×9=27	四九三十六 4×9=36	五九四十五 5×9=45	六九五十四 6×9=54	七九六十三 7×9=63	八九七十二 8×9=72	九九八十一 9×9=81

4. 计算练习举例

$2 \times 3 =$ $3 \times 5 =$ $10 \times 2 =$ $18 \times 3 =$

$11 \times 10 =$ $22 \times 11 =$ $105 \times 15 =$

$8 \div 2 =$ $10 \div 5 =$ $36 \div 4 =$ $81 \div 9 =$

$50 \div 10 =$ $150 \div 10 =$ $550 \div 25 =$

【主题】混合运算

混合运算，先计算用括号括起的部分，然后按先乘除后加减的顺序计算。

混合运算

$$100 - 15 \times 3$$
$$= 100 - 45$$
$$= 55$$

$$10 \times 5 + 15 \times 4$$
$$= 50 + 60$$
$$= 110$$

$$100 + 60 \div 3 - 50$$
$$= 100 + 20 - 50$$
$$= 120 - 50$$
$$= 70$$

$$50 \div (15 - 5) + 10$$
$$= 50 \div 10 + 10$$
$$= 5 + 10$$
$$= 15$$

加减乘除混合算，先算乘除后加减。

遇到括号要注意，括号里面应先算。

【应用】1. 计算收益、平均成本

例1：某便利店年销售收益计算（单位：元）

	1月	2月	3月	4月	5月	6月	7月	8月	9月	10月	11月	12月	合计
销售	9500	9300	9100	9700	9150	8800	8950	9320	9115	9400	8600	8840	
成本	6400	6300	6100	6500	6100	5900	5950	6350	6150	6350	5800	5900	
收益													

例2：根据上表计算月均成本和月平均收益

2. 计算练习举例

（1）86−72÷9+8

（2）23×2+33÷3

（3）100−2×3÷6

（4）（28+72）÷（50−30）−20

【主题】百分率、比例

人们常用百分数表示部分和整体的关系，如成活率、及格率、出芽率、感染率等。百分率把整体按100份计，用百分号"%"表示。如果要反映两个数量之间的关系，如腌制10公斤萝卜需要放多少克盐，地图上1厘米相当于实际距离多少公里，就要用比例来表示。

两半苹果图：1/2

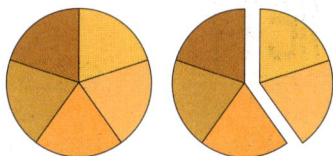

饼分5份，有两份移出：2/5

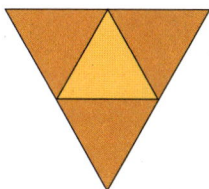

1/4

【应用】 1. 按比例配制材料、食物、中药等

例1：了解本地打水泥地板用的混凝土，通常水泥、沙子、碎石各占几份。

例2：本地做腌菜、咸肉，10公斤菜或肉，大约分别需要放多少盐？

2. 农药稀释

例：某种农药，防治A种虫害时，需要稀释100倍；防治B种虫害时，需要稀释1000倍。其包装瓶盖1瓶盖可容8毫升，相当于8克药液。计算配制16公斤该农药用于防治B种虫害，需要几瓶盖药液？

化肥、农药使用说明

3. 肥料配兑

例：某种水稻1亩需要施氮肥12公斤，计算该水稻每亩需要施含氮量为20%的肥料多少公斤？

4. 计算成活率、出油率、发芽率等

例1：某村2008年绿化荒山共植树4 000株，死了129株，请计算成活率。

例2：某种稻谷100公斤可碾出80公斤米，请计算这种稻谷的出米率、出糠率。

5. 打折销售、利润率计算

例：某服装店按每条60元的价格购进100条牛仔裤，然后按每条100元售出，那么，每条牛仔裤的利润率是多少？如果该店打8折销售这批裤子，那么，每条牛仔裤的利润率又是多少？

6. 用地图估算里程

例：某地图图上1厘米，相当于实际距离100公里。图上A地与B地大约相距5厘米，那么，这两地实际距离约为多少公里？

【主题】小　数

　　小数是利用小数点把整数部分和不足整数的部分分开的数。例如，3角钱，表示为0.3元；身高一米六，表示为1.6米；一斤七两，表示为1.7斤，等等。小数的加减，先要对齐小数点。在实际应用中，小数和分数可以相互变换，通常情况下，分数便于理解，小数便于计算。

例1：

1500克写成　1　.　5　（读作一点五）千克
　　　　　　　整　小　小
　　　　　　　数　数　数
　　　　　　　　　点

3米5分米写成3.5米

75厘米写成0.75米

1元5角写成1.5元

7角5分写成0.75元

例2：

18.46+1.2=19.66

$$\begin{array}{r} 18.46 \\ +\ \ 1.2 \\ \hline 19.66 \end{array}$$

例3：

173.28−114.02=59.26

$$\begin{array}{r} 173.28 \\ -\ 114.02 \\ \hline 59.26 \end{array}$$

例4：

1元2角3分加18元2角等于几元？

1.23+18.2=19.43（元）

例5：

20米加80厘米等几米？

20+0.8=20.8（米）

丈量称重或用钱，小数表示最常见。

若要小数相加减，一定对齐小数点。

不要小看小数点，一点之差失千里。

【应用】1. 用实物引导识读小数：水表、电表、煤气表等

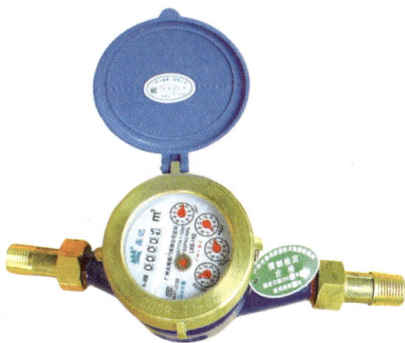

水表

电表

煤气表

2. 认读价目表、利率表中的小数

幸福超市价目表

食 盐	2.50元/袋
酱 油	3.50元/瓶
味 精	1.50元/袋
酸 醋	2.80元/瓶
大 米	2.50元/公斤
食用油	5.50元/公斤
小 粉	1.20元/袋
土豆片	1.60元/袋
白砂糖	8.40元/公斤
饼 干	5.30元/公斤
牛 奶	2.50元/瓶
矿泉水	1.60元/瓶
香 烟	10.60元/包

价目表样本

银行利率表样本

3. 计算存款、贷款利息

例1：某人以整存整取的方式在农业银行存款10万元，存入日该行1年期整存整取的存款利率是2.81%，计算此人1年后能得到多少利息。

例2：某户向工商银行贷款20万元，贷款期限为1年，该行1年期的贷款利率是6.38%，计算该户1年后的还款总额。

【主题】面积、体积和容积

　　一般说来，事物的形状可以用一些基本的图形来表示，在实际的生产、生活中，当遇到面积、体积、容积的计算问题时，可以把计算对象分解成基本图形，然后就可以用基本图形的计算方法进行计算。

　　常用的基本图形及相应的计算方法如下：

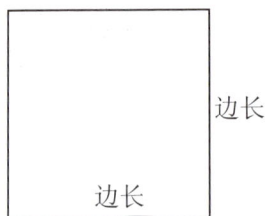

正方形的面积=边长×边长　　　　长方形的面积=长×宽

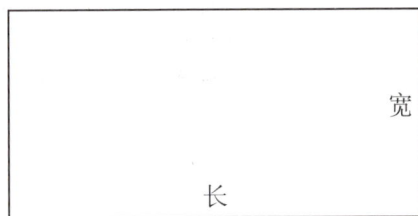

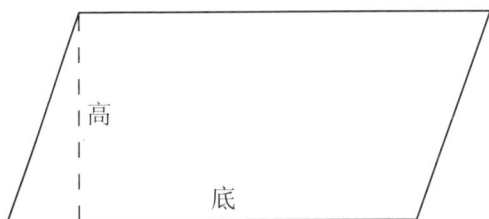

平行四边形的面积=底×高　　　　三角形的面积=底×高÷2

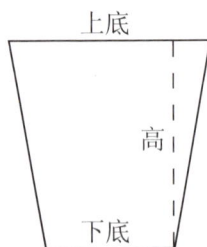

梯形的面积=（上底+下底）×高÷2　　圆形的面积=半径×半径×3.14

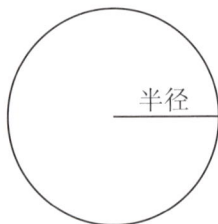

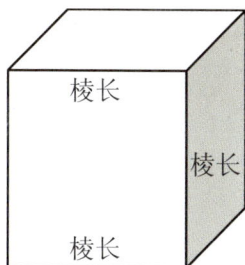

正方体的体积=棱长×棱长×棱长

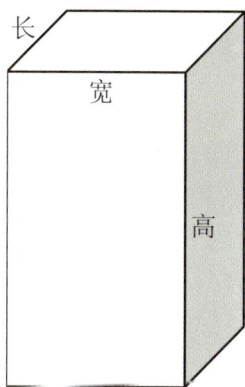

长方体的体积=长×宽×高

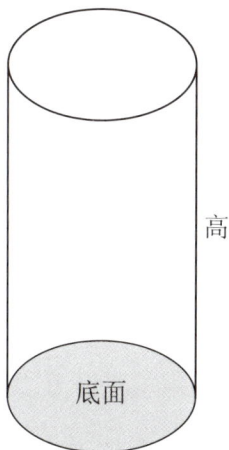

圆柱体的体积=底面积×高

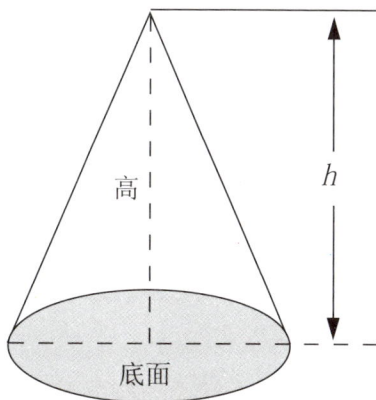

圆锥体的体积=底面积×高÷3

【应用】1. 计算地砖、墙砖的数量

例：某户新建房的客厅长8米、宽6米，需要边长为0.6米的正方形地砖多少块？

2. 丈量土地面积

丈量土地面积时，往往会遇上不规则的地块，解决的办法是按常见的基本图形将不规则的地块分割成相对规则的若干小地块，再按基本图形的计算要求丈量、计算各小块的面积，然后加起来，得到整块地的面积。

例：某户有一块形状如下的玉米地，请计算其面积。

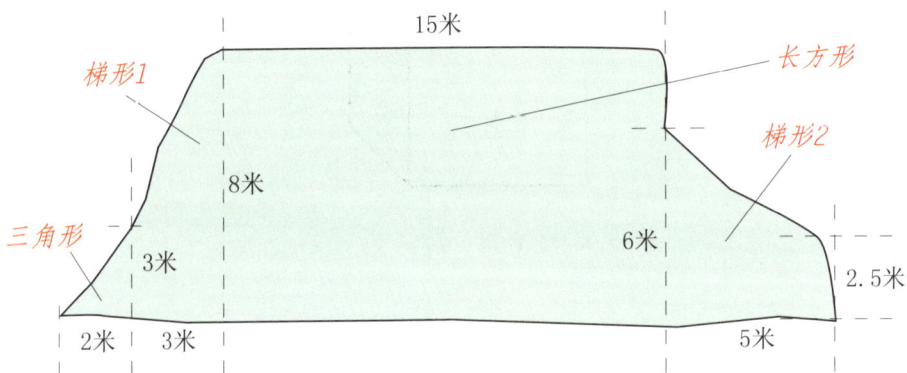

总面积=长方形面积+梯形1面积+梯形2面积+三角形面积

3. 计算土石方

例：某村需要在平地上修建一段深1.5米、宽0.8米、长150米的排水沟，请计算需要挖运的土方量。

4. 计算包装箱的容积

例：某村企业生产油辣椒，包装瓶直径10厘米、高20厘米，请计算两瓶装、4瓶装礼盒的大小。

【主题】计算工具

在计算量大或复杂的情况下，需要使用计算工具。传统的计算工具是算盘，现在多用计算器。利用计算器进行计算，直观、简单、快捷、准确。手机一般都设有计算器功能，操作和普通计算器大同小异，携带更为方便。

【应用】1. 学习使用计算器
  （普通计算器、手机计算器、电脑计算器）

累加键　累减键　数字键　小数点键　显示屏　开关/清除键　运算符号键　等号键

2. 计算练习举例

例1：某服装店上半年月利润计算（单位：元）

		1月	2月	3月	4月	5月	6月
销售收入	零售	12570	13425	11080	11965	16749	12116
	批发	54850	49320	44789	56325	48880	45570
	合计						
成本支出	进货支出	38500	32200	35500	38900	31200	33600
	房租	6500	6500	6500	6500	6500	6500
	工资	9000	9000	9000	9000	9000	9000
	其他	1120	1350	980	1470	1115	1190
	合计						
利润							

例2：某工厂上半年利润、利润率统计

	成本（万元）	销售（万元）	利润（万元）	利润率（%）
1月	1159	1753		
2月	1287	1801		
3月	1098	1696		
4月	1224	1777		
5月	1311	1821		
6月	989	1597		
月平均值				

【主题】计量单位

计量单位不同，数的含义就随之不同，计算时，先要注意计量单位是否统一。例如，1斤白菜和1公斤白菜，1斤肉和1升油，都不能简单变为1+1=2。另外，计量单位常常受传统和习惯的影响，计算时要注意计量单位间的换算。例如，我国传统的距离单位有里，面积单位有亩，使用都比较广泛，常常需要与千米、平方米进行换算；不同地方的集市、菜场，有的习惯使用公斤，有的习惯使用市斤，比较价格时也需要换算。

磅秤

盘秤

弹簧秤

电子秤

台秤

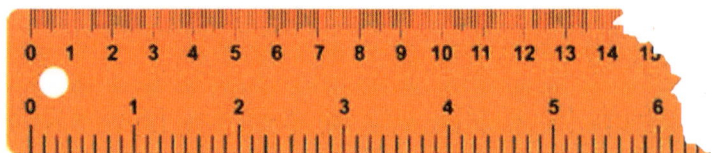

直尺

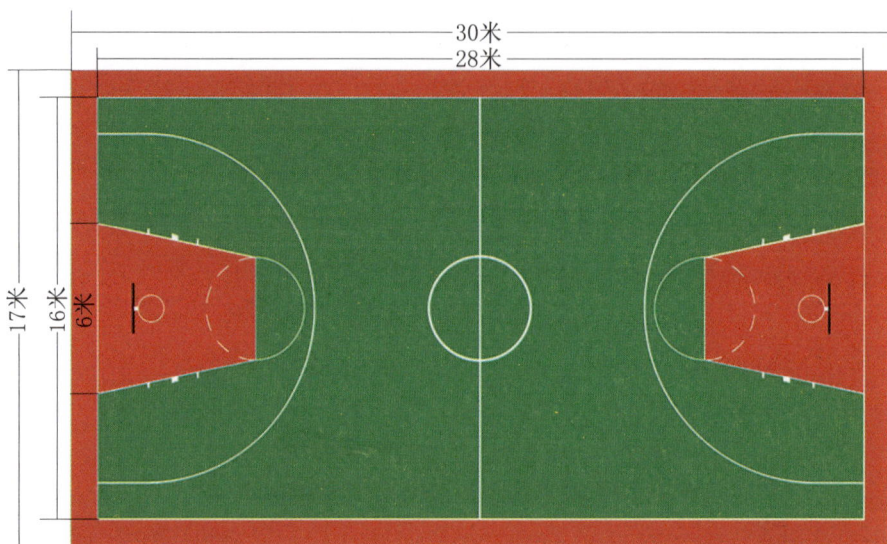

篮球场的大小

1.5升

600毫升

10毫升

【应用】学习常用计量单位的换算

1. 长度单位

1千米（公里）=2市里

1米（公尺）=3市尺

1米=10分米

1分米=10厘米

1厘米（公分）=10毫米

1丈=10尺

1尺=10寸

1寸≈3.3333厘米

2. 面积单位

1平方千米（公里）=100公顷

1平方米=9平方市尺

1平方分米=0.01平方米

1平方厘米=0.0001平方米

1市亩=60平方丈=0.0667公顷

1公顷=15市亩

3. 体积、容积单位

1立方米=1方

1立方分米=0.001立方米

1立方厘米=0.000001立方米

1升=1000毫升（西西）

4. 质量单位

1吨=1000千克（公斤）

1克=0.001千克

1毫克=0.000001千克

1公斤=10公两=1000克

1市斤=0.5公斤=500克

1市两=0.5公两=50克

1市钱=0.5公钱=5克

【主题】简单记账

记账是把收、支行为按一定的目的或规则记录下来。记账是精打细算过日子、理财、经营的基础。

买卖收支要记账，心中明白好盘算。

首先列个记账表，如实填写要明了。

收入减去支出后，剩下部分是结余。

2000年 月	日	摘要	收入 千	百	十	元	角	分	支出 千	百	十	元	角	分	结余 千	百	十	元	角	分
		上月结存	3	8	4	6	9	0							3	8	4	6	9	0
1	18	卖大米200公斤		4	1	8	5	0								4	2	6	5	4	0
1	25	买洗衣机1台								4	4	5	0	0		3	8	2	0	4	0
2	15	卖黑山羊1只		2	6	7	0	0								4	0	8	7	4	0
2	20	买化肥2包								1	7	9	3	0		3	9	0	8	1	0
3	1	给孩子交书杂费								2	6	5	0	0		3	6	4	3	1	0
		总　计	4	5	3	2	4	0		8	8	9	3	0		3	6	4	3	1	0

【应用】1. 常用的几种记账方式

日记账

日　期	事　由	收　入	支　出
2010.3.1	购买日用品		−70.00
2010.3.2	卖　菜	+107.00	
2010.3.31	合　计		

现金收入账

时　间		摘　要	金　额												
2010年			收　入						累　计						
月	日		万	千	百	十	元	角	分	万	千	百	十	元	角	分
1	1	卖玉米			3	5	0	0	0			3	5	0	0	0
1	2	卖鸡蛋			1	5	0	0	0			5	0	0	0	0
1	8	种粮补贴			1	1	0	0	0			6	1	0	0	0
2	30	存款利息				6	1	4	3			6	7	1	4	3
2	5	采石场分红		2	5	0	0	0	0		3	1	7	1	4	3
		......														
12	31	合　计														

经营成本费用账

时 间			金 额														
2010年		摘 要	支 出							累 计							
月	日		万	千	百	十	元	角	分	万	千	百	十	元	角	分
1	6	买薄膜				5	5	0	0				5	5	0	0
1	9	买化肥			1	0	5	0	0			1	6	0	0	0
1	17	劳务费				2	0	0	0			1	8	0	0	0
2	3	技术培训				2	5	0	0			2	0	5	0	0
2	5	租拖拉机			1	0	0	0	0			3	0	5	0	0
		……														
12	31	合 计														

库存实物盘点账

时 间		实物名称	单 位	数 量	单位折价（元）	金 额						
2009年						万	千	百	十	元	角	分
月	日											
12	31	稻谷	公 斤	580	1.00			5	8	0	0	0
12	31	玉米	公 斤	700	1.50	1	0	5	0	0	0	
12	31	化肥	袋	2	40				8	0	0	0
		……										
12	31	合 计										

纯收入核算表

项　目	金　额（元）
一、总收入	29 151.50
其中：	
现金收入	25 741.50
新增库存	3 410.00
二、自给性生活消费	5 140.00
三、支出	6 822.68
其中：	
经营成本费用	6 385.43
税金	157.00
银行贷款利息	280.25
四、纯收入	17 188.82

2. 农村理财的途径举例

储　蓄	定期、零存整取等
	教育储蓄
保　险	农业保险
	养老保险
	财产保险
	人身意外伤害保险
	医疗保险
国家补贴	家电、汽车下乡
	良种补贴
	大型农机补贴
	养殖业补贴
	林业补贴
土地流转	
小额信贷	
投资基金	
投资股票	
投资房地产	
投资收藏品	

3. 识读简单的统计图表

统计是描述事物总体情况和变化趋势的基础手段。反映统计结果的图表，经常见于书籍、报刊。阅读时，各种各样的统计图表又往往是理解文章意思、分析数据含义的关键所在。

线条图

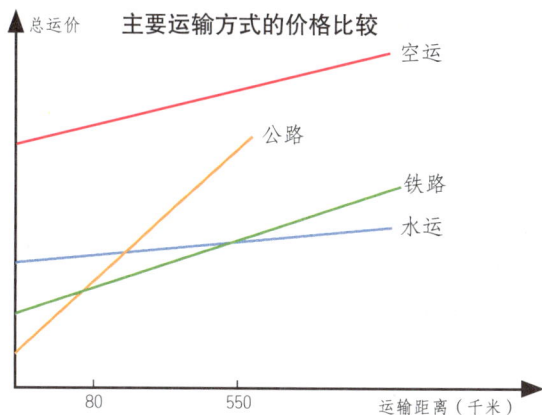

扇形图

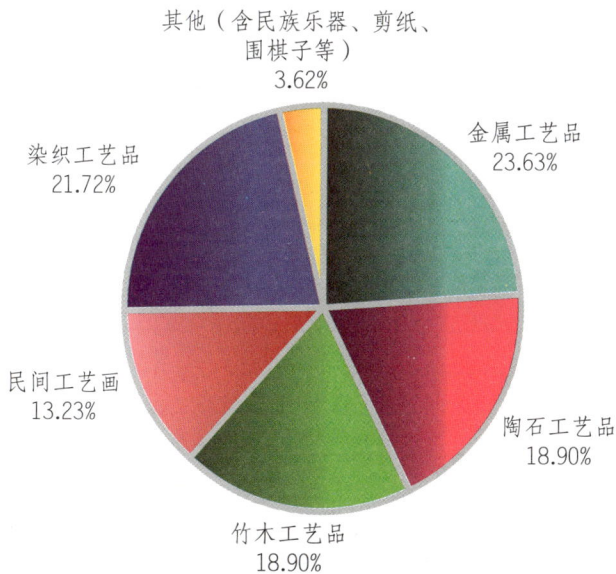

2006年云南民族民间工艺品构成图

条形图

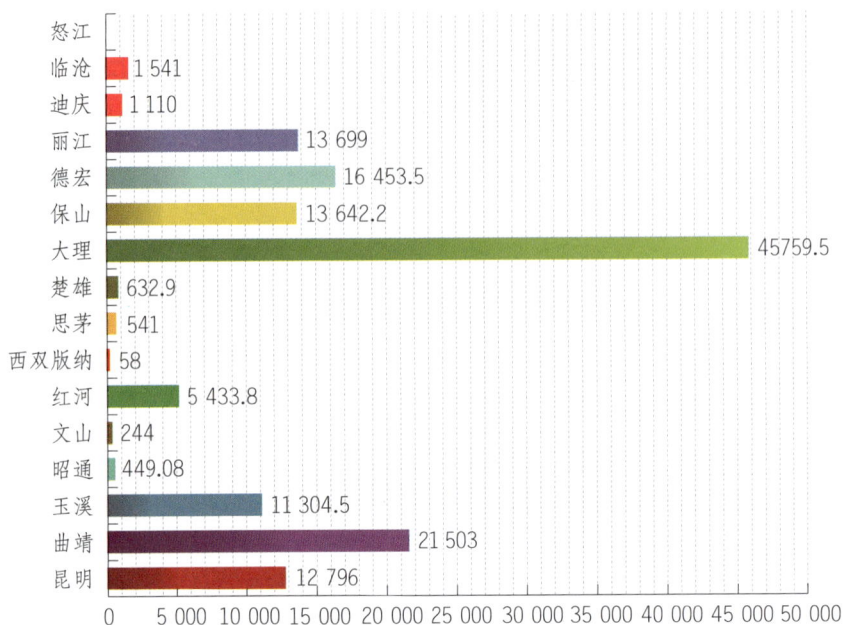

2006年云南省各州市民族民间工艺品销售产值情况（单位：万元）

统计表

2008年某地主要农产品产量及其增长速度（单位：万吨）

产品名称	产 量	比上年增长（%）
粮　食	1 518.59	4.0
油　料	40.38	10.2
甘　蔗	1 898.75	−2.1
烤　烟	83.90	9.5
蔬　菜	1 166.6	4.8
园林水果	266.18	31.5
茶　叶	17.15	1.0
橡　胶	25.72	−8.9
肉类总产量	288.29	8.3
牛　奶	44.67	5.5
禽、蛋	19.41	8.1
水产品产量	40.00	19.8

【一、字母表】

字母名称						
Aa	Bb	Cc	Dd	Ee	Ff	Gg
Hh	Ii	Jj	Kk	Ll	Mm	Nn
Oo	Pp	Qq	Rr	Ss	Tt	
Uu	Vv	Ww	Xx	Yy	Zz	

【二、声母表】

b 玻	p 坡	m 摸	f 佛	d 得	t 特	n 讷	l 勒
g 哥	k 科	h 喝		j 基	q 欺	x 希	
zh 知	ch 蚩	sh 诗	r 日	z 资	c 雌	s 思	

附录一：汉语拼音方案 🔲

【三、韵母表】

	i 衣	u 乌	ü 迂
a 啊	ia 呀	ua 蛙	
o 喔		uo 窝	
e 鹅	ie 耶		üe 约
ai 哀		uai 歪	
ei 欸		uei 威	
ao 熬	iao 腰		
ou 欧	iou 忧		
an 安	ian 烟	uan 弯	üan 冤
en 恩	in 因	uen 温	ün 晕
ang 昂	iang 央	uang 汪	
eng 亨的韵母	ing 英	ueng 翁	
ong 轰的韵母	iong 雍		

【四、声调符号】

阴平　　阳平　　上声　　去声

$-$　　　$\diagup$　　　$\lor$　　　$\diagdown$

声调符号标注在音节的主要母音上。轻声不标。

例如：

妈 mā（阴平）

麻 má（阳平）

马 mǎ（上声）

骂 mà（去声）

吗 ma（轻声）

附录二：字典使用方法 🔖

怎样查字典

　　字典是学习文化知识的工具。在读书阅报时，碰到不认识的字，就需要通过字典查出它的读音和意思。查字典的方法很多，这里只介绍常见的部首查字法。

　　部首查字法是利用汉字偏旁部首进行查字的一种方法。采用部首查字法，必须知道要查的字的部首及其画数，以及除了部首外是几画。例如："叫"是"口"部，三画，除了部首外是二画；"暗"是"日"部，四画，除了部首外是九画等。查字的方法是：先在"部首目录"中按所查字的部首笔画数查到这个部首，再根据这个部首右边注明的页数和所查字除部首外的笔画数，在"检字表"中查到这个字的所在页码，然后翻到这个页数就能查到。

　　例如："们"字，部首"亻"是二画，即在"部首目录"中"二画"栏内查出"亻"，按"亻"右边注明的页数知道"亻"部在"检字表"的25页（以《新华字典》[第10版]为例），从"检字表"25页开始看，由于"们"字除部首外的"门"为三画，即在"亻"部下的"三画"栏中查"们"字，翻到"们"字右边注明的"正文"的页数"330页"，即可查到"们"字。

　　没有明显偏旁部首的字，可从"难检字笔画索引"中查找。例如"丈"、"九"、"也"等字。

常用标点符号的用法

标点符号是在书面语言中用来表示间歇、语调、停顿的符号。标点符号在书面语言中必不可少，缺少标点符号、用错标点符号都有可能使阅读困难，甚至改变句子的意思。

标点符号包括点号和标号两种类型。点号用于表示句子的停顿和语气，如句号、逗号、顿号、问号、叹号等。标号用于表示句子中引用、注释、省略、着重、书名等内容，如引号、括号、省略号、破折号、连接号、书名号、间隔号、着重号等。

常用标点符号用法简表

名　称	符　号	用法说明
句号	。	表示一句话完了之后的停顿。
逗号	，	表示一句话中间的停顿。
顿号	、	表示一句话中并列的词或词组之间的停顿。
分号	；	表示一句话中并列分句之间的停顿。
冒号	：	用以提示下文。
问号	？	用在问句之后。
叹号	！	表示强烈的感情。

名　称	符　号	用法说明
引号	"　" '　' 『　』	1. 表示引用的部分。
		2. 表示特定的称谓或需要着重指出的部分。
		3. 表示讽刺或否定的意思。
括号	（　）	表示文中注释的部分。
省略号	……	表示文中省略的部分。
破折号	——	1. 表示底下是解释、说明的部分，有括号的作用。
		2. 表示意思的递进。
		3. 表示意思的转折。
连接号	—	1. 表示时间、地点、数目等的起止。
		2. 表示相关的人或事的联系。
书名号	《　》 〈　〉	表示书籍、文件、报刊、文章等的名称。
着重号	·	表示文中需要强调的部分。
间隔号	·	1. 表示书名和篇章名之间的分界。
		2. 表示外国人和有些民族人名中的分界。

后 记

本教材参考、引用的主要著作、教材和网站有：

韩鉴堂：《中国文化》（北京语言文化大学出版社，1999年版）

袁行霈：《中华文明之光》（北京大学出版社，1999年版）

刘秋霖、刘健、王亚新等：《中国诸神与传说》（中国文联出版社，2004年版）

许嘉璐：《中华史画卷》（南方出版社，1996年版）

辞海编辑委员会：《辞海》（上海世纪出版股份有限公司、上海辞书出版社，1999年版缩印本）

余嘉华：《云南风物志》（云南教育出版社，1997年版）

范德华：《云南导游基础知识》（云南大学出版社，2007年版）

云南日报社：《云南——可爱的地方》（云南人民出版社，1997年版）

云南日报理论部：《云南文史博览》（云南人民出版社，2003年版）

云南科技出版社：《农村日用大全》（云南出版集团公司、云南科技出版社，2005年版）

云南省教育委员会基础教育处：《实用扫盲课本》（云南大学出版社，2000年版）

刘义兵：《新编实用扫盲教材》（重庆出版集团、重庆出版社，2009年版）

旦智塔：《生活中的数与算》（兰州大学出版社、北京师范大学出版社，2009年版）

袁荣智：《农户会计核算办法》（云南出版集团公司、云南科技出版社，2009年版）

大卫·阿彻、莎拉·克廷汉姆：《"反思行动"应用指南——扫盲赋权心理年》（国际行动援助、联合国教科文组织编译，中国农业大学出版社，2005年版）

薛金星：《小学语文基础知识手册》（北京教育出版社，2003年版）

山湖纪人：《中华圣贤经释义本》（海天出版社，2006年版）

席自平：《常用歇后语1800条》（金盾出版社，2009年版）

严锴：《实用谜语大全》（华龄出版社，2007年版）

李凌、薛范：《民歌经典：中国作品》（中国国际广播出版社，2006年版）

杨雪清：《云南八大名花和珍稀动植物》（云南大学出版社，2009年版）

后　记

www.nipic.com

www.sccnn.com

www.image.baidu.com

www.googel.com

www.hudong.com

www.fojiaoyongpin.com

www.hyzlw.com.cn

www.jxcn.cn

ynly.gov.cn

www.ems517.com

dujia.kuxun.cn

www.uux.cn

www.china.com.cn

www.ccmedu.com

www.sxxynx.com

www.ic98.com

jn.km.gov.cn

www.vhy.com

www.sinayn.com

www.vjourney.com

www.6yunnan.com

　　在此，谨向以上编者、著者、出版者和网站表示感谢！

　　在教材研发过程中，李晓华、马勋列、李春光、陆利增、余加贵、潘跃辉、黄忠贤、余海中、陈枝文、角培忠、杨子顺、白忠、岩罗、郑德昌、张建荣、周谷存、张正虎、张陆芽、彭云均、鲁义平、段锡清、邓美强、杨绍政、段永灿、岳海灵、陆发忠、何勇、张省林、李向红、李顺海、前友仕、子学功、王本明等云南省扫盲一线的教师、专干参与了讨论或修改工作。

《云南扫盲基础教材》编写组

2010年8月